Ožgan:
KONČNI VODNIK ZA PEKO RIB NA ŽARU

Od svežih rib do popolnosti na žaru na ognju: 100 receptov z morskimi sadeži na vašem žaru

Ivanka Vidmar

Avtorski material ©2024

Vse pravice pridržane

Nobenega dela te knjige ni dovoljeno uporabljati ali prenašati v kakršni koli obliki ali na kakršen koli način brez ustreznega pisnega soglasja založnika in lastnika avtorskih pravic, razen kratkih citatov, uporabljenih v recenziji. Ta knjiga se ne sme obravnavati kot nadomestilo za zdravniški, pravni ali drug strokovni nasvet.

KAZALO

KAZALO..3
UVOD..7
LOSOS...9
1. LOSOS Z ŽARA Z JAVORJEVO GLAZURO...................10
2. LOSOS NA ŽARU Z MEDOM IN ČESNOM....................12
3. ZAČINJEN LOSOS Z ŽARA...14
4. TERIYAKI GLAZIRANI LOSOS NA ŽARU.....................16
5. LOSOS Z ŽARA Z LIMONINIMI ZELIŠČI......................18
6. LOSOS NA ŽARU Z GLAZIRANO POMARANČO IN INGVERJEM......20
7. KANDIRAN DIMLJENI LOSOS S POMARANČNIM INGVERJEM........22
8. PACIFIŠKI SEVEROZAHODNI LOSOS Z OMAKO IZ LIMONINEGA KOPRA..24
9. DIMLJEN FILE SVEŽEGA LOSOSA S............................26
10. ALJAŠKI BBQ LOSOS...28
11. FILE DIMLJENEGA LOSOSA.....................................31
12. ALJAŠKI BBQ LOSOS...33
13. LOSOSOVI ZREZKI NA ŽARU S SARDONI..................35
14. ZAŽGANI KONCI DIMLJENEGA LOSOSA...................38
15. Z RUMOM DIMLJEN LOSOS....................................41
TUNA..44
16. TUNINI ZREZKI NA ŽARU S SEZAMOM IN SOJO........45
17. ZAČINJENA CAJUNSKA TUNA NA ŽARU..................47
18. TUNINA NABODALA NA ŽARU Z MEDENO LIMETO....49
19. SOČEN TREBUH DIMLJENE TUNE Z LIMETO............51
20. PEČENA WASABI TUNA...53
21. DIMLJENA TUNA V SLANICI...................................55
22. PREKAJENA TUNA V OMAKI A...............................57
23. PREKAJEN TUNIN TREBUH....................................59
24. TUNA NA ŽARU BAYOU...63
RAK..65
25. RAKOVE KRAČE NA ŽARU S ČESNOVIM MASLOM....66
26. RAKOVICE NA ŽARU Z OMAKO REMOULADE...........68
27. DIMLJEN RAK..71
28. CIMET INGVER DIMLJEN RAK................................73
29. DIMLJENE KRAKOVE KRALJEVE RAKOVICE............75

30. RAKOVICE Z MEHKIM OKLEPOM NA ŽARU.................................77
KOZICE IN KOZICE...79
31. NABODALA S KOZICAMI Z MARINADO IZ LIMONOVIH ZELIŠČ....80
32. TAKOSI S KOZICAMI NA ŽARU Z MANGOVO SALSO...................82
33. KOZICE NA ŽARU S ČESNOM IN MEDOM....................................85
34. CAJUN ZAČINJENE KOZICE NA ŽARU...87
35. KAJENSKI ČESEN DIMLJENI ŠKAMPI..89
36. MOJO NABODALA S KOZICAMI...91
37. JABOLČNA GLAZIRANA NABODALA Z MORSKIMI SADEŽI.........93
38. DIMLJENE KOZICE...95
39. ZAČINJENA KOZICA Z ŽARA..98
40. DIMLJENE KOZICE...101
OSTRIGE..104
41. PREPROSTE OSTRIGE NA ŽARU..105
42. ČESNOVE OSTRIGE ASIAGO..107
43. WASABI OSTRIGE..109
44. DIMLJENE OSTRIGE...111
45. ZAČINJENE DIMLJENE OSTRIGE..114
BRANCIN..116
46. BRANCIN NA ŽARU Z LIMONO IN ZELIŠČNIM MASLOM...........117
47. BRANCIN NA ŽARU Z OMAKO CHIMICHURRI............................119
48. BRANCIN NA ŽARU NA AZIJSKI NAČIN......................................121
49. PROGASTI BAS S POGANJKI MAČJEGA REPA...........................123
50. SREDOZEMSKI BRANCIN NA ŽARU..126
51. MAYO - BAS NA ŽARU...128
52. PROGASTI BAS Z OMAKO IZ KOZIC..130
JASTOG..133
53. SLADKI JASTOGOVI REPKI NA ŽARU...134
54. REPI JASTOGA Z LIMONINIM MASLOM......................................136
55. PREKAJENI REPI JASTOGA..138
RDEČI HRABAČ..141
56. RDEČI HLASTAČ S SLADKORNO SKORJO..................................142
57. CITRUSOV HLASTAČ NA ŽARU Z LIMETINIM RIŽEM.................144
58. RDEČI HLASTAČ NA ŽARU Z MARINADO IZ CITRUSOV............147
59. B BQ RED SNAPPER Z ZAČINJENO MANGOVO SALSO.............149
60. CAJUN RDEČI HLASTAČ NA ŽARU...151

61. RDEČI HLASTAČ NA ŽARU S PARADIŽNIKOVO BAZILIKO SALSO 153
BELA RIBA (TRSKA, VAHNJA IN PLOŠKA, CRAPIE, SOM) 155
62. RIBJI TAKOSI Z OGNJENO PAPRIKO 156
63. RIBJA NABODALA NA ŽARU 158
64. DIMLJENA TRSKA 160
65. RIBE NA ŽARU Z GLAZURO DIJON 162
66. ORADA NA ŽARU S KOROMAČEM 164
67. CRAPPIE NA ŽARU S SLANINO 166
68. DIMLJEN SOM 168
69. HRUSTLJAV SOM NA ŽARU 170
70. NA ŽARU PEČEN FILE MORSKE PLOŠČE 172
MAHI MAHI, POSTRV IN SKUŠA 174
71. POPER-KOPER MAHI-MAHI 175
72. DIMLJENA SKUŠA Z LIMONINIM MASLOM IN SLANICO IZ BRINOVIH JAGOD 177
73. DIMLJENA POSTRV 179
74. DIMLJENA SLANICA TROUT 181
75. DIMLJEN MAHI-MAHI 183
76. BBQ POTOČNA POSTRV 185
77. DIMLJENA SKUŠA IZ JELŠEVEGA LESA 187
78. POSTRV NA ŽARU NA OGLJU 190
79. FISH CAMP POSTRV 192
POKROVAČE 194
80. NABODALA IZ POKROVAČE Z MASLOM IZ LIMONE IN ČESNA..195
81. S SLANINO OVITE POKROVAČE NA ŽARU 197
82. SOLATA IZ POKROVAČ NA ŽARU Z BALZAMIČNO GLAZURO.....199
83. MEDENO-KAJENSKE MORSKE POKROVAČE 201
84. JUMBO POKROVAČE NA ŽARU S CITRUSI 203
TILAPIJA 205
85. RDEČI HLASTAČ NA ŽARU Z MARINADO IZ CITRUSOV 206
86. TILAPIJA NA ŽARU Z ZAČIMBAMI CAJUN 208
87. RDEČI HLASTAČ NA ŽARU S ČESNOVIM ZELIŠČNIM MASLOM..210
88. TILAPIJA NA ŽARU Z LIMONINIMI ZELIŠČI 212
89. DIMLJENA TILAPIJA IZ KOZIC 214
90. DIMLJENA TILAPIJA 216
HOBOTNICA 218

91. HOBOTNICA NA ŽARU Z LIMONO IN ČESNOM..........................219
92. DIMLJENA MLADA HOBOTNICA...221
93. HOBOTNICA NA ŽARU S PESTOM O...223
94. MINT HOBOTNICA NA ŽARU..226
MEČARICA...229
95. DIMLJENI ZREZKI MEČARICE..230
96. CAJUN MEČARICA NA ŽARU..232
97. ZREZKI MEČARICE Z MARINADO IZ LIMONINIH ZELIŠČ..............234
98. NABODALA Z MARINADO IZ BESEDNE RIBE...........................236
99. MEČARICA, GLAZIRANA S ČESNOM..238
100. ZAČINJENA CAJUNSKA MEČARICA..240
ZAKLJUČEK...242

UVOD

Dobrodošli v "Ožgan: VRHUNSKI VODNIK ZA PEKO RIB NA ŽARU"! Ta izčrpen vodnik je vaša vrata do odkrivanja mamljivih okusov morske hrane na žaru. Ne glede na to, ali ste izkušen mojster žara ali navdušenec začetnik, je ta knjiga zasnovana tako, da izboljša vaše kulinarične sposobnosti in do popolnosti razširi vaše razumevanje pečenja rib na žaru.

Peka rib na žaru je oblika umetnosti, ki zahteva prefinjenost, pozornost do podrobnosti in razumevanje različnih tehnik kuhanja. Od nežnih filejev do močnih zrezkov, morski sadeži ponujajo raznoliko paleto možnosti za pripravo slastnih jedi, ki bodo zagotovo navdušile družino in prijatelje.

V tej knjigi se boste podali na kulinarično popotovanje, ki raziskuje nianse peke rib na žaru, od izbire najbolj svežega ulova do obvladovanja umetnosti začinjanja in pečenja na žaru. S 100 recepti, skrbno izbranimi za predstavitev naravnih okusov morskih sadežev, se boste naučili, kako preproste sestavine spremeniti v izjemne kulinarične stvaritve.

Ne glede na to, ali imate raje klasične priljubljene jedi, kot sta losos in tuna, ali želite eksperimentirati z bolj eksotičnimi sortami, kot sta mečarica in brancin, ima "Scorched" nekaj za vsakogar. Vsak recept je natančno oblikovan tako, da poudari edinstvene značilnosti vsake vrste ribe, kar zagotavlja, da je vsaka jed simfonija okusa in teksture.

Pripravite se, da sprostite svojega notranjega mojstra žara, ko se poglobite v svet rib na žaru. S strokovnimi nasveti, navodili po korakih in osupljivimi fotografijami, ki vas bodo vodile na poti, boste kmalu odkrili, da peka morskih sadežev na žaru ni le metoda kuhanja, temveč kulinarična pustolovščina, ki obljublja, da bo razvnela vaše brbončice in dvignila vašo zunanjost. jedilnico.

Zato zakurite svoj žar, zberite sestavine in se pripravite na pot kulinaričnih odkrivanj. Ne glede na to, ali gostite žar na dvorišču ali preprosto hrepenite po okusni večerji z morskimi sadeži, je "Scorched" vaš najboljši spremljevalec pri obvladovanju umetnosti pečenja rib do popolnosti.

LOSOS

1. Losos z žara z javorjevo glazuro

SESTAVINE:

- 4 fileje lososa
- 1/4 skodelice javorjevega sirupa
- 2 žlici sojine omake
- 2 stroka česna, nasekljana
- 1 žlica dijonske gorčice
- 1 čajna žlička prekajene paprike
- Sol in črni poper po okusu
- Limonine rezine za serviranje
- Svež sesekljan peteršilj za okras (neobvezno)

NAVODILA:

a) V majhni skledi zmešajte javorjev sirup, sojino omako, mlet česen, dijonsko gorčico, dimljeno papriko, sol in črni poper.

b) Lososove fileje položimo v plitko posodo in jih prelijemo z marinado. Obrnite, da se enakomerno nanese. Marinirajte v hladilniku vsaj 30 minut ali največ 2 uri.

c) Žar segrejte na srednjo temperaturo. Odstranite lososa iz marinade in zavrzite odvečno marinado.

d) Lososove fileje položite na žar s kožo navzdol. Pecite na žaru približno 4-5 minut na vsako stran ali dokler ni losos kuhan in se zlahka razkosmi z vilicami.

e) Postrezite vroče z rezinami limone in po želji okrasite s sesekljanim peteršiljem.

2. Losos na žaru z medom in česnom

SESTAVINE:
- 4 fileje lososa
- 1/4 skodelice medu
- 2 žlici sojine omake
- 2 stroka česna, nasekljana
- 1 žlica olivnega olja
- 1 žlica limoninega soka
- 1 čajna žlička prekajene paprike
- Sol in črni poper po okusu
- Svež sesekljan cilantro za okras (neobvezno)

NAVODILA:
a) V majhni skledi zmešajte med, sojino omako, mlet česen, olivno olje, limonin sok, dimljeno papriko, sol in črni poper.
b) Lososove fileje položimo v plitko posodo in jih prelijemo z marinado. Obrnite, da se enakomerno nanese. Marinirajte v hladilniku vsaj 30 minut ali največ 2 uri.
c) Žar segrejte na srednjo temperaturo. Odstranite lososa iz marinade in zavrzite odvečno marinado.
d) Lososove fileje položite na žar s kožo navzdol. Pecite na žaru približno 4-5 minut na vsako stran ali dokler ni losos kuhan in se zlahka razkosmi z vilicami.
e) Postrezite vroče s svežim sesekljanim cilantrom za okras.

3. Začinjen losos z žara

SESTAVINE:

- 4 fileje lososa
- 2 žlici rjavega sladkorja
- 1 žlica čilija v prahu
- 1 čajna žlička prekajene paprike
- 1 čajna žlička česna v prahu
- 1 čajna žlička čebule v prahu
- 1/2 čajne žličke kajenskega popra (prilagodite okusu)
- Sol in črni poper po okusu
- Oljčno olje za ščetkanje

NAVODILA:

a) V majhni skledi zmešajte rjavi sladkor, čili v prahu, dimljeno papriko, česen v prahu, čebulo v prahu, kajenski poper, sol in črni poper, da pripravite žar.
b) Lososove fileje osušite s papirnatimi brisačkami. Obe strani lososovih filejev rahlo premažite z olivnim oljem.
c) Mešanico začimb za žar enakomerno vtrite na obe strani lososovih filejev.
d) Žar segrejte na srednje visoko temperaturo. Lososove fileje položite na žar s kožo navzdol.
e) Pecite na žaru približno 4-5 minut na vsako stran ali dokler ni losos kuhan in se zlahka razkosmi z vilicami.
f) Po želji postrezite vroče z vašo najljubšo omako za žar.

4. Teriyaki glazirani losos na žaru

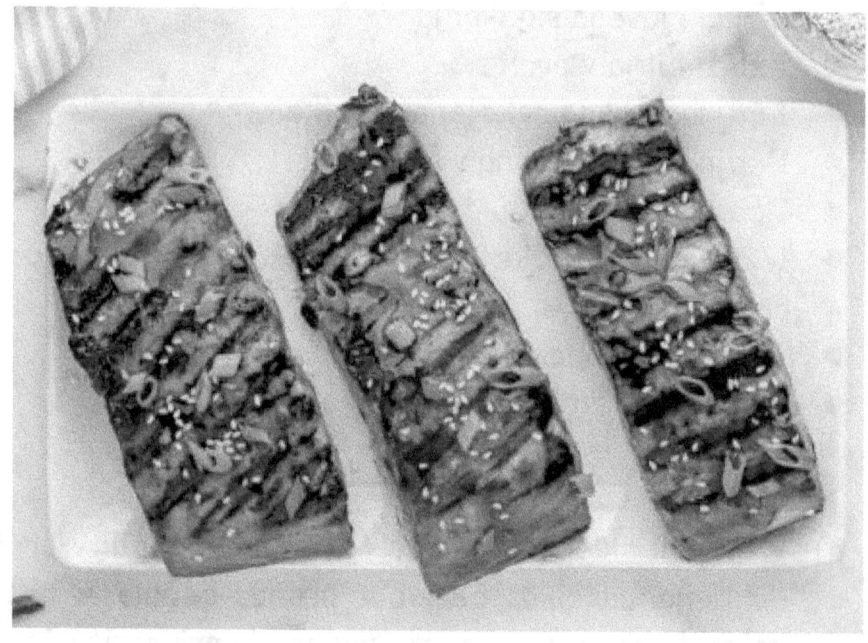

SESTAVINE:
- 4 fileje lososa
- 1/2 skodelice teriyaki omake
- 2 žlici medu
- 2 stroka česna, nasekljana
- 1 žlica sezamovega olja
- 1 žlica riževega kisa
- 1 čajna žlička naribanega svežega ingverja
- Sol in črni poper po okusu
- Narezana zelena čebula za okras

NAVODILA:
a) V majhni skledi zmešajte teriyaki omako, med, mlet česen, sezamovo olje, rižev kis, nariban ingver, sol in črni poper.
b) Lososove fileje položimo v plitko posodo in jih prelijemo z marinado. Obrnite, da se enakomerno nanese. Marinirajte v hladilniku vsaj 30 minut ali največ 2 uri.
c) Žar segrejte na srednjo temperaturo. Odstranite lososa iz marinade in zavrzite odvečno marinado.
d) Lososove fileje položite na žar s kožo navzdol. Pecite na žaru približno 4-5 minut na vsako stran ali dokler ni losos kuhan in se zlahka razkosmi z vilicami.
e) Postrezite vroče z narezano zeleno čebulo za okras.

5. Losos z žara z limoninimi zelišči

SESTAVINE:

- 4 fileje lososa
- Lupina in sok 1 limone
- 2 žlici oljčnega olja
- 2 stroka česna, nasekljana
- 1 žlica sesekljanega svežega peteršilja
- 1 žlica sesekljanega svežega kopra
- 1 žlica sesekljanega svežega timijana
- Sol in črni poper po okusu
- Rezine limone za okras

NAVODILA:

a) V majhni skledi zmešajte limonino lupinico, limonin sok, olivno olje, sesekljan česen, sesekljan peteršilj, sesekljan koper, sesekljan timijan, sol in črni poper.
b) Lososove fileje položimo v plitko posodo in jih prelijemo z marinado. Obrnite, da se enakomerno nanese. Marinirajte v hladilniku vsaj 30 minut ali največ 2 uri.
c) Žar segrejte na srednjo temperaturo. Odstranite lososa iz marinade in zavrzite odvečno marinado.
d) Lososove fileje položite na žar s kožo navzdol. Pecite na žaru približno 4-5 minut na vsako stran ali dokler ni losos kuhan in se zlahka razkosmi z vilicami.
e) Postrezite vroče z rezinami limone za okras.

6. Losos na žaru z glazirano pomarančo in ingverjem

SESTAVINE:

- 4 fileje lososa
- 1/2 skodelice pomarančnega soka
- 2 žlici sojine omake
- 2 žlici medu
- 1 žlica naribanega svežega ingverja
- 2 stroka česna, nasekljana
- 1 čajna žlička sezamovega olja
- Sol in črni poper po okusu
- Sezamovo seme in narezana zelena čebula za okras

NAVODILA:

a) V majhni skledi zmešajte pomarančni sok, sojino omako, med, nariban ingver, mlet česen, sezamovo olje, sol in črni poper.
b) Lososove fileje položimo v plitko posodo in jih prelijemo z marinado. Obrnite, da se enakomerno nanese. Marinirajte v hladilniku vsaj 30 minut ali največ 2 uri.
c) Žar segrejte na srednjo temperaturo. Odstranite lososa iz marinade in zavrzite odvečno marinado.
d) Lososove fileje položite na žar s kožo navzdol. Pecite na žaru približno 4-5 minut na vsako stran ali dokler ni losos kuhan in se zlahka razkosmi z vilicami.
e) Postrezite vroče s sezamovimi semeni in narezano zeleno čebulo za okras.

7. Kandiran dimljeni losos s pomarančnim ingverjem

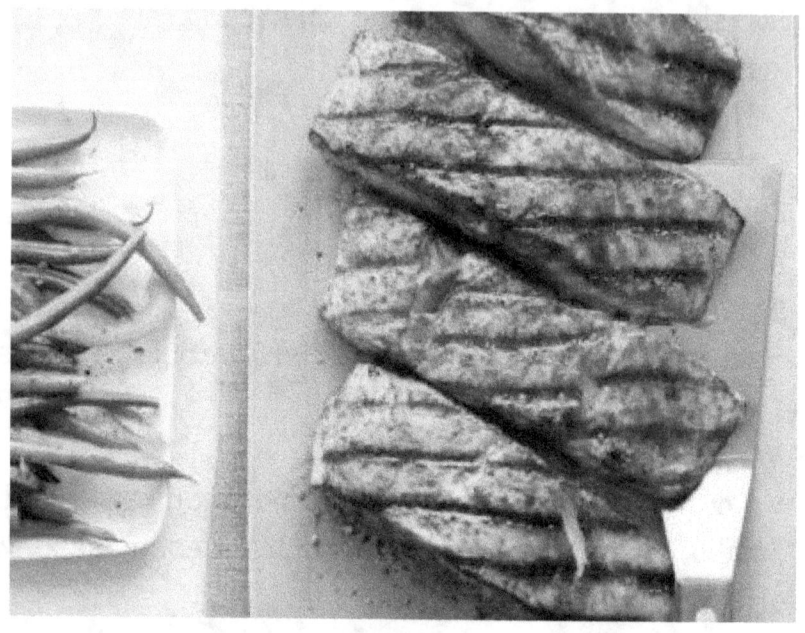

SESTAVINE:
- Lososov file (4 lbs., 1,8 kg.)

Marinada
- Rjavi sladkor - ¼ skodelice
- Sol - ½ čajne žličke

The Rub
- Mlet česen - 2 žlici
- Nariban svež ingver - 1 čajna žlička
- Naribana pomarančna lupina - ½ čajne žličke
- Kajenski poper - ½ čajne žličke

Glaze
- Rdeče vino - 2 žlici
- Temni rum - 2 žlici
- Rjavi sladkor - 1 ½ skodelice
- Med - 1 skodelica

NAVODILA:
Zmešajte sol z rjavim sladkorjem in nanesite na lososov file.
Lososov file natrite z mešanico začimb in ga odstavite.
Začinjenega lososa postavite v kadilnico za pelete in dimite 2 uri.
Rdeče vino zmešajte s temnim rumom, rjavim sladkorjem in medom ter mešajte, dokler se ne raztopi.
Baste

8. Pacifiški severozahodni losos z omako iz limoninega kopra

SESTAVINE:

- 6 lb filejev Chinook lososa
- Sol po okusu
- 1 C masla, stopljenega
- 1 C limoninega soka
- 4 žlice. posušen plevel kopra
- 1 žlica česnova sol
- Črni poper po okusu
- 4 C navadnega jogurta

NAVODILA:

Fileje lososa položimo v pekač.
V majhni skledi zmešajte maslo in 1/2 limoninega soka ter pokapljajte lososa. Začinite s soljo in poprom.
Zmešajte jogurt, koper, česen v prahu, morsko sol in poper. Omako enakomerno razporedite po lososu.
Vročo rešetko žara na pelete na hitro obrišite z brisačo, namočeno v malo repičnega olja, položite fileje na žar, pokrijte s folijo in zaprite pokrov.
Ribe na žaru, s kožo navzdol, do srednje pečene, približno 6 minut.

9. Dimljen file svežega lososa s

SESTAVINE:
- 1 file lososa (svež, divji, s kožo)
- 1/3 čajne žličke začimb Old Bay
- 1 čajna žlička osnovne začimbe za morske sadeže

NAVODILA:
a) Ribje fileje lososa operemo s hladno vodo in s papirnato brisačo osušimo
b) Fileje lososa rahlo vtrite z začimbami
c) Pepping on the Preferred Wood Pellet kadilnica
d) Prekajevalni žar Preferred Wood Pellet nastavite na indirektno kuhanje in predgrejte na 400°F
e) Fileje položite s kožo navzdol neposredno na rešetke žara
f) Filete lososa dimite v kadilnici, dokler se notranja temperatura dima ne dvigne na 140°F in z vilicami zlahka odtrgate meso.
g) Pustite lososa počivati 5 minut
h) Postrezite in uživajte

10. Aljaški BBQ losos

SESTAVINE:
- 1 cel obdelan losos
- Sol in poper
- 2 žlici zmehčanega masla
- ½ segmentirane srednje čebule
- ½ segmentirane limone
- Več vejic peteršilja
- Koruzno olje

NAVODILA:
a) Začnite tako, da operete celega oblečenega lososa in ga posušite. Lososa začinite s soljo in poprom, nato pa ga pokapajte z zmehčanim maslom.
b) V votlino ribe razporedite prekrivajoče se koščke čebule, limone in peteršilja. Tako boste lososa prepojili s čudovitimi okusi.
c) Ribe premažite s koruznim oljem, ki vam bo pomagalo, da se lepo spečejo na žaru.
d) Lososa zavijte v močno aluminijasto folijo, pri tem pazite, da robove zaprete z dvojnim prekrivanjem, da ohranite vse okuse v notranjosti.
e) Lososa, zavitega v folijo, položite na žar na srednje vroče oglje. Lososa kuhajte počasi in ga obračajte vsakih 10 minut za enakomerno pečenje.
f) Po 45 minutah preverite pečenost tako, da vstavite termometer za meso v najdebelejši del lososa. Za popolno pečenega lososa mora notranja temperatura doseči 160 °F.

g) Za serviranje ribo prestavite na segret krožnik tako, da prekrijete zadnjo folijo. Med kostjo in mesom zarežemo s široko lopatko in vsak del dvignemo.
h) V tem aljaškem lososu na žaru je najbolje uživati s prilogo omake z žarom.

11. File dimljenega lososa

SESTAVINE:

- File svežega lososa
- Mešanica slanice (sol, sladkor, voda in neobvezna zelišča)
- Lesni sekanci za dimljenje (npr. jelša, hikorija ali jablana)

NAVODILA:

a) Začnite s pripravo mešanice slanice. Zmešajte vodo, sol, sladkor in poljubna zelišča ali začimbe. File lososa potopite v slanico in pustite v hladilniku vsaj 2 uri ali čez noč.
b) Lososa sperite, da odstranite odvečno slanico, in ga posušite.
c) Pripravite svoj smoker tako, da ga predhodno segrejete na 225-250 °F (107-121 °C) in dodate lesne sekance po vaši izbiri. Lesni sekanci dajejo okus po dimu, zato izberite tistega, ki dopolnjuje lososa, kot sta jelša ali jablana.
d) Lososa položite na rešetke za dimljenje, med fileti pa pustite prostor za kroženje dima.
e) Losos dimite 2-4 ure, odvisno od debeline filejev, dokler ne doseže notranje temperature 145 °F (63 °C). Losos mora imeti lepo dimljeno barvo in se zlahka kosmi.
f) Postrezite z narezanimi kumarami in paradižnikovo solato z limoninim vinaigretom.

12. Aljaški BBQ losos

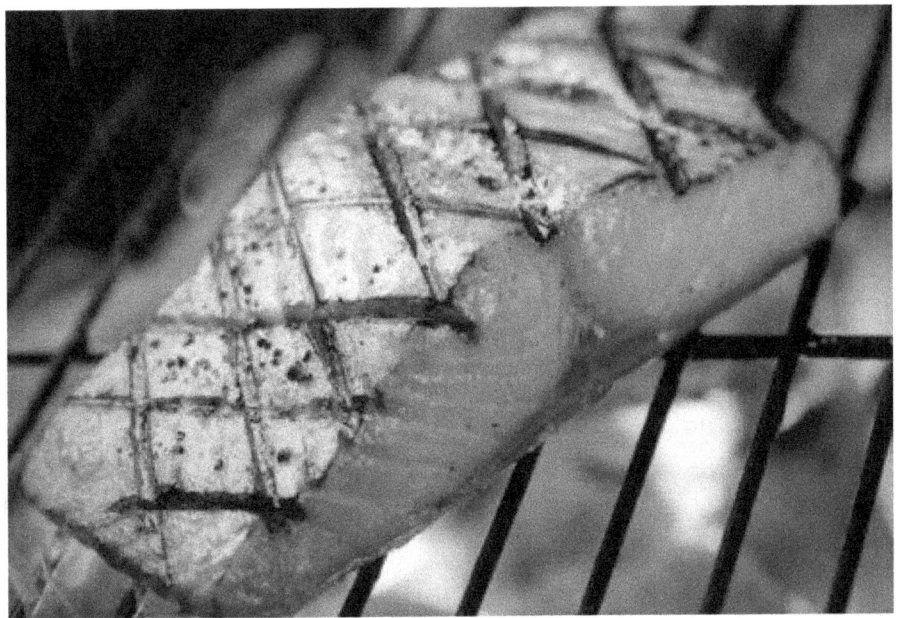

SESTAVINE:
- 1 cel obdelan losos
- Sol in poper
- 2 žlici zmehčanega masla
- ½ segmentirane čebule
- ½ segmentirane limone
- Več vejic peteršilja
- Koruzno olje

NAVODILA:
a) Ribe operemo in osušimo. potresemo s soljo in poprom ter pokapamo z maslom.
b) V votlino ribe razporedite prekrivajoče se segmente čebule, limone in peteršilja; ribe namažite z oljem. Zavijte v močno aluminijasto folijo, robove zaprite z dvojnim prekrivanjem . Postavite na žar na vroče oglje; kuhajte, počasi vrtite lososa vsakih 10 minut.
c) Po 45 minutah preverite pripravljenost tako, da vstavite termometer za meso v najdebelejši del. Kuhajte na notranji temperaturi 160.
d) Za serviranje ribe premaknite na segret krožnik; prekrivna zadnja folija. S široko lopatko zarežemo med kostjo in mesom; Vsak del dvignite . Postrezite z omako Zesty.

13. Lososovi zrezki na žaru s sardoni

SESTAVINE:
- 4 lososovi zrezki
- Vejice peteršilja
- Limonine rezine

Inčunovo maslo
- 6 filejev inčunov
- 2 žlici mleka
- 6 žlic masla
- 1 kapljica omake Tabasco
- Poper

NAVODILA:
a) Žar predhodno segrejte na visoko temperaturo. Naoljite rešetko za žar in položite vsak zrezek, da zagotovite enakomerno segrevanje. Na vsak zrezek položite košček sardonovega masla (četrtino mešanice razdelite na štiri). Pečemo na žaru 4 minute.
b) Zrezke obrnemo s koščkom ribe in med zrezke položimo drugo četrtino masla. Pečemo na žaru na drugi strani 4 minute.
c) Zmanjšajte ogenj in pustite kuhati še 3 minute, manj, če so zrezki tanki.
d) Postrezite z lepo razporejenim koščkom sardonovega masla na vrhu vsakega zrezka.
e) Okrasite z vejicami peteršilja in rezinami limone.
f) Maslo s sardoni: vse fileje sardonov namočite v mleko. V posodi pretlačimo z leseno žlico, da postane

kremasto. Vse sestavine namažite s smetano skupaj in se ohladi.

14. Zažgani konci dimljenega lososa

SESTAVINE:
LOSOS & CURE:
- 1 stran lososa, oluščenega in narezanega na kocke
- 1,5 skodelice (300 gramov) rjavega sladkorja
- ¼ skodelice (55 gramov) košer soli
- 2 žlici (30 ml) pikantnega medu

MEDENA SRIRACHA GLAZURA:
- 2,5 žlice (37 ml) stopljenega masla
- 1 žlica (15 ml) Sriracha omake
- 1 žlica (15 ml) medu

OKRAS:
- Sezamovo seme
- Porast, sesekljan

NAVODILA:
a) Lososa najprej narežite na kocke in ga olupite. Dodajte ga v skledo ali vrečko, primerno za hrano. V ločeni skledi zmešajte rjavi sladkor in košer sol. Mešanico dodajte svojemu lososu skupaj z začinjenim medom. Premešamo in postavimo lososa v hladilnik. Pustite, da se strdi vsaj 2 uri ali najmanj 30 minut.

b) Ko je sušenje končano, izvlecite lososa in ga nežno operite s hladno vodo, da sprostite odvečno sušenje. Kocke lososa položite na pekač in jih nepokrite pustite v hladilniku stati 1-2 uri, dokler zunanjost ne postane lepljiva.

c) Predgrejte kadilnico na 185°F-200°F. Dodajte nekaj lesnih sekancev ali lesnih kosov za dodaten okus dima.
d) Vzemite lososa iz hladilnika in ga pustite 15 minut pri sobni temperaturi. Lososa dajte v smoker in kuhajte približno 3-4 ure, dokler ne porjavi in karamelizira. Poskrbite, da bo temperatura med 185-200 °F, saj bodo bele beljakovine v notranjosti lososa iztekle, če je bolj vroč.
e) Približno 1 uro preden je losos pripravljen, zmešajte medeno glazuro Sriracha. Lososa po celem glazurirajte in pustite stati v kadilnici, dokler ni končan. Ko je končano, izvlecite lososa in pustite, da se ohladi 5 minut.
f) Ko se losos ohladi, ga okrasite s česmi in sezamovimi semeni. Postrezite in uživajte v okusnih zažganih konicah dimljenega lososa!

15. Z rumom dimljen losos

SESTAVINE:

DIMLJEN LOSOS:
- 2 funta (908 gramov) fileja lososa
- 2 skodelici (473 ml) temnega ruma
- Kruh s sedmimi zrni
- ¼ skodelice (60 gramov) kaper
- ¼ skodelice na tanko narezane rdeče čebule
- Peščica jabolčnih ali češnjevih lesnih kosov
- Svež koper

CURE:
- 1 ½ skodelice (300 gramov) rjavega sladkorja
- ¾ skodelice (144 gramov) soli

NAVODILA:

a) Lososa položite s kožo navzgor v steklen pekač z 2 skodelicama temnega ruma. Pustite, da se marinira v hladilniku 1 uro.

b) Združite zdravilne sestavine v skledo tako, da s prsti premešamo, da razbijemo morebitne grudice.

c) Lososa odcedimo in zavržemo rum. Kuro namažemo po lososu, da je popolnoma prekrit in za 8 ur postavimo v hladilnik.

d) Predgrejte kadilnico na 65°C.

e) Lososa sperite v hladni vodi in ga nato osušite s papirnatimi brisačkami.

f) Postavite lososa v kadilnico in na vroče oglje stresite nekaj koščkov jabolka ali češnjevega lesa. Dimimo 8 ur pri 65°C.

g) Odstranite lososa iz smokerja in postrezite s popečenim kruhom iz sedmih žit, kislo smetano, narezano rdečo čebulo, kaprami in svežim koprom.

TUNA

16. Tunini zrezki na žaru s sezamom in sojo

SESTAVINE:
- 4 zrezki tune (približno 6 unč vsak)
- 1/4 skodelice sojine omake
- 2 žlici sezamovega olja
- 2 žlici riževega kisa
- 2 stroka česna, nasekljana
- 1 žlica naribanega svežega ingverja
- 1 žlica medu
- 1 čajna žlička sezamovih semen
- Sol in črni poper po okusu
- Narezana zelena čebula za okras

NAVODILA:
a) V skledi zmešajte sojino omako, sezamovo olje, rižev kis, sesekljan česen, nariban ingver, med, sezamovo seme, sol in črni poper, da naredite marinado.
b) Tunine zrezke položimo v plitko posodo in jih prelijemo z marinado. Obrnite, da se enakomerno nanese. Marinirajte v hladilniku vsaj 30 minut ali največ 2 uri.
c) Žar segrejte na srednje visoko temperaturo. Odstranite tunine zrezke iz marinade in zavrzite odvečno marinado.
d) Zrezke tune pecite na žaru približno 2-3 minute na stran za srednje pečene ali dlje, če želite.
e) Postrezite vroče z narezano zeleno čebulo za okras.

17. Začinjena cajunska tuna na žaru

SESTAVINE:
- 4 zrezki tune (približno 6 unč vsak)
- 2 žlici oljčnega olja
- 2 žlici začimbe Cajun
- 1 žlica limoninega soka
- 1 čajna žlička paprike
- 1/2 čajne žličke česna v prahu
- 1/2 čajne žličke čebule v prahu
- Sol in črni poper po okusu
- Limonine rezine za serviranje

NAVODILA:
a) V skledi zmešajte olivno olje, začimbo Cajun, limonin sok, papriko, česen v prahu, čebulo v prahu, sol in črni poper, da se začimba utrdi.
b) Začimbno mešanico enakomerno vtrite na obe strani tuninih zrezkov.
c) Žar segrejte na srednje visoko temperaturo. Tunine zrezke položimo na žar.
d) Zrezke tune pecite na žaru približno 2-3 minute na stran za srednje pečene ali dlje, če želite.
e) Postrezite vroče z rezinami limone ob strani.

18. Tunina nabodala na žaru z medeno limeto

SESTAVINE:
- 1 lb tuninega zrezka, narezanega na kocke
- 1/4 skodelice medu
- 2 žlici sojine omake
- 2 žlici limetinega soka
- 1 žlica olivnega olja
- 2 stroka česna, nasekljana
- 1 čajna žlička naribane limetine lupinice
- Sol in črni poper po okusu
- Rezine limete za serviranje
- Sesekljan svež cilantro za okras

NAVODILA:
a) V skledi zmešajte med, sojino omako, limetin sok, olivno olje, mlet česen, limetino lupinico, sol in črni poper, da naredite marinado.
b) Tunine kocke nataknite na nabodala.
c) Tunina nabodala položimo v plitvo posodo in jih prelijemo z marinado. Obrnite, da se enakomerno nanese. Marinirajte v hladilniku vsaj 30 minut ali največ 2 uri.
d) Žar segrejte na srednje visoko temperaturo. Odstranite tunina nabodala iz marinade in zavrzite odvečno marinado.
e) Tunina nabodala pecite na žaru približno 2-3 minute na vsako stran ali dokler ni tuna pečena.
f) Postrezite vroče z rezinami limete ob strani in okrasite s sesekljanim svežim cilantrom.

19. Sočen trebuh dimljene tune z limeto

SESTAVINE:
- Tunin trebuh (3 lb., 1,4 kg.)
- Marinada
- Sveže limete - 2
- Beli sladkor - 2 žlici
- Rjavi sladkor - 3 žlice
- Poper - ½ čajne žličke
- Sojina omaka - 1 žlica
- Sriracha omaka - 2 žlici

NAVODILA:
a) S sokom 10 minut mariniramo tunin trebuh.
b) Medtem zmešajte beli sladkor z rjavim sladkorjem, poprom, sojino omako in omako Sriracha, nato dobro premešajte.
c) Operite in sperite tunin trebuh, nato pa ga posušite.
d) Počakajte, da dimnik na pelete doseže želeno temperaturo dima, nato pa vanj položite začinjen tunin trebuh.
e) Tunin trebuh dimite 2 uri ali dokler se ne razkosmi in ko je gotov, ga odstranite iz kadilnice.

20. Pečena Wasabi tuna

SESTAVINE:
- 6-unč zrezki tune
- 1 1/4 skodelice belega vina
- 1 skodelica listov cilantra
- 1 skodelica nesoljenega masla
- 1/4 skodelice šalotke, mlete
- 2 žlici. beli vinski kis
- 1 žlica wasabi paste
- 1 žlica sojine omake
- 1 žlica olivnega olja
- sol in poper po okusu

NAVODILA:
V ponvi na srednjem ognju zmešajte vino, vinski kis in šalotko. Kuhajte, da se zmanjša na približno 2 žlici. Šalotko odcedite in zavrzite.

Mešanici dodajte wasabi in sojino omako ter zmanjšajte prednostne lesne pelete. Med mešanjem počasi dodajajte maslo, dokler ni dobro premešano. Vmešajte cilantro in odstavite z ognja. Dati na stran.

Zrezke tune namažite z olivnim oljem. Začinimo s soljo in poprom ter postavimo na žar.

Pečemo na žaru 90 sekund, nato obrnemo in pečemo še 90 sekund.

21. Dimljena tuna v slanici

SESTAVINE:
- 3 funte filejev lososa (gojenega)
- 2 skodelici sveže ribje slanice

NAVODILA:
Filete narežite na 4 palčne velikosti, da se lahko pečejo enakomerno

Svinjske kotlete dajte v plastično posodo, ki jo je mogoče zapreti, in v posodo nalijte slanico sveže ribe

Pokrijemo in čez noč postavimo v hladilnik

Po tem času odstranite svinjske kotlete in jih posušite s papirnatimi brisačami

Dimilni žar nastavite na indirektno kuhanje

Fileje lososa prenesite v podlogo iz steklenih vlaken, prevlečeno s teflonom

Prekajevalnico segrejte na 180°F in kuhajte, dokler se notranja temperatura dima lososovih filejev ne dvigne na 145°F.

22. Prekajena tuna v omaki a

SESTAVINE:
- 10 unč zrezkov tune (sveže)
- 1 skodelica omake Teriyaki

NAVODILA:
Tuno narežite na 4 palčne velikosti, da se lahko kuha enako hitro
Zrezke tune dajte v plastično posodo, ki jo je mogoče zapreti, in v posodo prelijte omako Teriyaki
Pokrijemo in postavimo v hladilnik za 3 ure
Po tem času odstranite zrezke tune in jih osušite s papirnatimi brisačkami
File prenesite na neoprijemljiv pekač za žar in ga postavite v kadilnico za 1 uro
Po tem času povečajte prednostni lesni pelet na 250°F in kuhajte, dokler se notranja temperatura dima tune ne dvigne na 145°F.
Odstranite jih z žara in pustite počivati 10 minut
Postrezite in uživajte

23. Prekajen tunin trebuh

Okusite izvrstne okuse dimljenega tuninega trebuha. Ta poslastica je poslastica za ljubitelje morske hrane, saj ponuja dimljeno, nežno izkušnjo bogatega okusa, ki jo je enostavno pripraviti. Ne glede na to, ali pečete na žaru za posebno priložnost ali preprosto večerjo med tednom, bo ta jed navdušila vaše brbončice.

Čas priprave: 15 minut
Čas kuhanja: 2 uri
Naredi: 4 porcije

SESTAVINE:
- 1 funt (½ kg) tuninega trebuha
- 2 žlici (29,57 ml) sojine omake
- 1 žlica (14,79 ml) oljčnega olja
- 1 čajna žlička mletega ingverja
- 1 čajna žlička mletega česna
- ½ čajne žličke črnega popra
- ½ čajne žličke (2,82 grama) paprike
- ½ čajne žličke (2,25 grama) rjavega sladkorja
- ¼ čajne žličke (0,56 grama) kajenskega popra (prilagodite okusu)

NAVODILA:
a) V skledi zmešajte sojino omako, olivno olje, mleti ingver, mleti česen, črni poper, papriko, rjavi sladkor in kajenski poper. Dobro premešajte, da ustvarite marinado.
b) Tunin trebuh položite v plastično vrečko, ki jo je mogoče zapreti, ali plitvo posodo in ga prelijte z marinado. Zaprite vrečko ali posodo pokrijte in postavite v hladilnik za vsaj 30 minut, da se okusi prepojijo.
c) Predgrejte kadilnico na 225 stopinj Fahrenheita (110 stopinj Celzija).
d) Tunin trebuh odstranite iz marinade in ga osušite s papirnatimi brisačkami. Tako se bo dim bolje oprijel.
e) Tunin trebuh položite na stojalo za dimljenje in dimite približno 2 uri ali dokler ne doseže želene stopnje pečenosti.

f) Ko je dimljen, pustite tunin trebuh počivati nekaj minut, preden ga narežete na tanke kose.
g) Prekajeni tunin trebuh postrezite kot predjed ali glavno jed z vašimi najljubšimi prilogami.

24. Tuna na žaru Bayou

SESTAVINE:
- ¾ skodelice morskih sadežev v slogu Golden Cajun
- 1½ funta tuninih zrezkov

NAVODILA:
a) Ribe enakomerno prelijte s slanico morskih sadežev v slogu Cajun, pustite počivati 20 do 30 minut in jih večkrat obrnite.
b) Pečemo na odprtem žaru na zmerno vročem oglju. Podlijte in enkrat obrnite. Riba je pripravljena, ko je meso neprozorno.
c) Postrezite z mešano solato, stročjim fižolom in francoskim kruhom

RAK

25. Rakove krače na žaru s česnovim maslom

SESTAVINE:
- 2 lbs rakovih nog
- 1/2 skodelice nesoljenega masla, stopljenega
- 4 stroki česna, sesekljani
- 1 žlica sesekljanega svežega peteršilja
- 1 čajna žlička limonine lupinice
- Sol in črni poper po okusu
- Limonine rezine za serviranje

NAVODILA:
a) Žar segrejte na srednje visoko temperaturo.
b) V majhni skledi zmešajte stopljeno maslo, sesekljan česen, sesekljan peteršilj, limonino lupinico, sol in črni poper, da naredite česnovo masleno omako.
c) Rakove krače položite na žar in jih izdatno premažite s česnovo masleno omako.
d) Rakove krače pecite na žaru približno 4-5 minut na vsako stran ali dokler se ne segrejejo in rahlo zoglenejo.
e) Postrezite vroče z rezinami limone ob strani.

26. Rakovice na žaru z omako Remoulade

SESTAVINE:
ZA RAKOVE KOLAČE:
- 1 lb grudice rakovega mesa
- 1/4 skodelice majoneze
- 1/4 skodelice drobtin
- 1 jajce
- 2 žlici sesekljanega svežega peteršilja
- 1 žlica dijonske gorčice
- 1 žlica Worcestershire omake
- 1 čajna žlička začimbe Old Bay
- Sol in črni poper po okusu
- Oljčno olje za žar

ZA REMULADO OMAKO:
- 1/2 skodelice majoneze
- 2 žlici sesekljanih kislih kumaric
- 1 žlica kaper
- 1 žlica dijonske gorčice
- 1 žlica sesekljanega svežega peteršilja
- 1 čajna žlička pekoče omake
- 1 čajna žlička limoninega soka
- Sol in črni poper po okusu

NAVODILA:
a) V veliki posodi za mešanje zmešajte meso rakovice, majonezo, krušne drobtine, jajce, sesekljan peteršilj, dijonsko gorčico, worcestershire omako, začimbo Old Bay, sol in črni poper. Mešajte, dokler se dobro ne poveže.

b) Mešanico rakov oblikujte v polpete.

c) Žar segrejte na srednjo temperaturo. Z olivnim oljem namažite pogače iz rakov.
d) Pogačice iz rakov pečemo na žaru približno 4-5 minut na vsako stran ali dokler ne postanejo zlato rjave in se segrejejo.
e) Medtem pripravimo remulado omako tako, da v majhni skledi zmešamo majonezo, sesekljane kisle kumarice, kapre, dijonsko gorčico, sesekljan peteršilj, pekočo omako, limonin sok, sol in črni poper.
f) Pogačice iz rakov na žaru postrezite vroče z omako iz remulade ob strani.

27. Dimljen rak

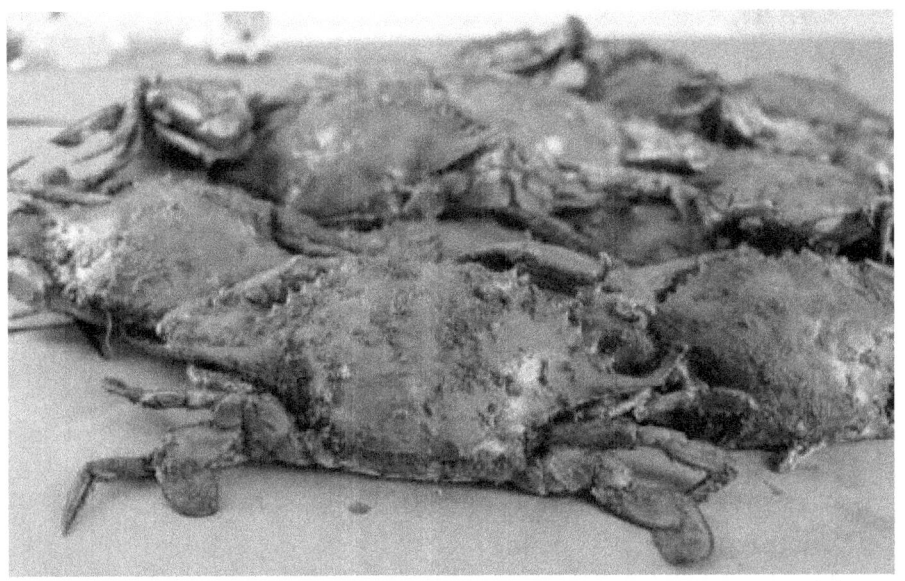

SESTAVINE:
- Sveži raki (7 lb., 3,2 kg.)

OMAKA
- Sol - 1 žlica
- Kajenski poper - 1 ½ čajne žličke
- Slano maslo - 2 skodelici
- Limonin sok - ½ skodelice
- Worcestershire omaka - 1 žlica
- Česen v prahu - 2 žlički
- Dimljena paprika - 2 žlički

NAVODILA:
a) Ponev segrejte na majhnem ognju in nato stopite maslo. Naj se ohladi.
b) Stopljeno maslo začinite s soljo, kajenskim poprom, Worcestershire omako, česnom v prahu in dimljeno papriko, nato pa v stopljeno maslo vlijte limonin sok. Mešajte, dokler se ne vključi, in odstavite.
c) Rakovice razporedite po aluminijastem pekaču za enkratno uporabo, nato pa jih pokapajte z omako.
d) Rakovice dimite 30 minut, nato jih odstranite iz kadilnice.

28. Cimet Ingver Dimljen rak

SESTAVINE:
- Sveži raki (7 lb., 3,2 kg.)

Začimbe
- Sol - 1 žlica
- Mleta semena zelene - 3 žlice
- Mleta gorčica - 2 žlički
- Kajenski poper - ½ čajne žličke
- Črni poper - ½ čajne žličke
- Dimljena paprika - 1 ½ čajne žličke
- Mlet nageljnove žbice - ščepec
- Mleta piment - ¾ čajne žličke
- Mlet ingver - 1 čajna žlička
- Mleti kardamom - ½ čajne žličke
- Mleti cimet - ½ čajne žličke
- Lovorjevi listi - 2

NAVODILA:
Zmešajte vse začimbe in mešanico začimb potresite po rakih, nato pa rake zavijte z aluminijasto folijo.

Zavite rake položite v dimnik na pelete in dimite 30 minut.

Ko je končano, odstranite zavite dimljene ogljikove hidrate iz kadilnice na pelete in pustite počivati približno 10 minut.

Dimljene rake odvijemo in prestavimo v servirni krožnik.

29. Dimljene krakove kraljeve rakovice

SESTAVINE:
- 5 funtov (2,3 kg) krakov kraljevega raka

MASLO ZA POSTANJE:
- 1 skodelica (240 gramov) masla
- ¼ skodelice (60 ml) limoninega soka
- 2 žlici limoninega popra začimbe
- 2 žlici česna v prahu ali mletega česna

ZAČIMBNA MEŠANICA:
- ¼ skodelice (55 gramov) košer soli
- ½ žlice popra v zrnu
- 2 žlički dimljene paprike
- 1 čajna žlička rdeče paprike

NAVODILA:
a) Segrejte kadilnico na 225 °F (107 °C). Lesne sekance postavite v kadilnico ali na premog.
b) V posodi za mešanje zmešajte sestavine za maslo za polivanje. Prenesite v mikrovalovno pečico in kuhajte pri polni vročini 30 sekund ali dokler se ne stopi. Odstranite iz mikrovalovne pečice.
c) Mešanico začimb vmešajte v maslo za polivanje, dokler se popolnoma ne premeša.
d) Prenesite rakove krake v kadilnico. Kuhajte 30 minut. Vsakih 10 minut premažite z mešanico masla.
e) Po 30 minutah pecite ali pecite na močnem žaru 2 minuti na vsaki strani.
f) Odstranite iz smokerja in takoj postrezite svoje okusne dimljene stegna kraljevega raka. Uživajte v slastnih okusih!

30. Rakovice z mehkim oklepom na žaru

Dobitek: 1 porcija

SESTAVINE:
- rakovice z mehkim oklepom; odmrznjeno v zamrznjenem
- Polivna omaka

NAVODILA:
a) Rakovice je treba obilno in pogosto polivati z omako, medtem ko jih pečete na nizkem ognju približno 12 centimetrov od premoga. Pecite na žaru približno 4 do 5 minut na vsako stran.
b) Omaka za žar: dodajte olje najljubši omaki za žar (1 del omake na 2 dela olja)
c) Slanica belega vina: Zmešajte ½ skodelice rastlinskega olja, 1 čajno žličko na kocke narezane sveže bazilike in 1 čajno žličko limoninega popra. Počasi dodajte ¾ skodelice suhega belega vina in zmešajte z metlico. Pustite počivati na sobni temperaturi 30 minut ali do nekaj ur v hladilniku, da se okusi premešajo.

KOZICE IN KOZICE

31. Nabodala s kozicami z marinado iz limonovih zelišč

SESTAVINE:
- 1 lb velika kozica, olupljena in brez žlebov
- 2 žlici oljčnega olja
- 2 stroka česna, nasekljana
- Lupina in sok 1 limone
- 1 žlica sesekljanega svežega peteršilja
- 1 žlica sesekljanega svežega timijana
- Sol in črni poper po okusu
- Limonine rezine za serviranje

NAVODILA:
a) V posodi za mešanje zmešajte oljčno olje, sesekljan česen, limonino lupinico, limonin sok, sesekljan peteršilj, sesekljan timijan, sol in črni poper.
b) Dodajte kozice v skledo in premešajte, da se enakomerno prekrijejo. Marinirajte v hladilniku 20-30 minut.
c) Žar segrejte na srednje visoko temperaturo. Marinirane kozice nataknemo na nabodala.
d) Nabodala s kozicami pecite približno 2-3 minute na vsako stran ali dokler kozice niso rožnate in neprozorne.
e) Postrezite vroče z rezinami limone za stiskanje čez kozico.

32. Takosi s kozicami na žaru z mangovo salso

SESTAVINE:

ZA KOZICE:
- 1 lb velikih kozic, olupljenih in očiščenih
- 2 žlici oljčnega olja
- 2 stroka česna, nasekljana
- 1 čajna žlička čilija v prahu
- 1/2 čajne žličke mlete kumine
- Sol in črni poper po okusu

ZA MANGO SALSO:
- 1 zrel mango, narezan na kocke
- 1/2 rdeče čebule, drobno sesekljane
- 1/2 rdeče paprike, narezane na kocke
- 1/4 skodelice sesekljanega svežega cilantra
- Sok 1 limete
- Sol in črni poper po okusu

ZA SERVIRANJE:
- 8 majhnih pogretih koruznih tortilj
- Nadrobljen feta sir (neobvezno)
- Rezine limete

NAVODILA:

a) V skledi za mešanje zmešajte oljčno olje, mleti česen, čili v prahu, mleto kumino, sol in črni poper. Dodajte kozice v skledo in premešajte, da se enakomerno prekrijejo.

b) Žar segrejte na srednje visoko temperaturo. Marinirane kozice nataknemo na nabodala.

c) Nabodala s kozicami pecite približno 2-3 minute na vsako stran ali dokler kozice niso rožnate in neprozorne.
d) Medtem pripravite mangovo salso tako, da v skledi zmešate na kocke narezan mango, sesekljano rdečo čebulo, na kocke narezano rdečo papriko, sesekljan koriander, limetin sok, sol in črni poper. Dobro premešaj.
e) Sestavite takose tako, da vsako toplo tortiljo napolnite s kozicami na žaru in mangovo salso. Po želji potresemo z nadrobljenim feta sirom.
f) Postrezite vroče z rezinami limete ob strani.

33. Kozice na žaru s česnom in medom

SESTAVINE:
- 1 lb velika kozica, olupljena in brez žlebov
- 1/4 skodelice medu
- 2 žlici sojine omake
- 2 stroka česna, nasekljana
- 1 žlica olivnega olja
- 1 žlica limoninega soka
- Sol in črni poper po okusu
- Sesekljan svež peteršilj za okras (neobvezno)

NAVODILA:
a) V majhni skledi zmešajte med, sojino omako, mlet česen, olivno olje, limonin sok, sol in črni poper.
b) Dodajte kozice v skledo in premešajte, da se enakomerno prekrijejo. Marinirajte v hladilniku 20-30 minut.
c) Žar segrejte na srednje visoko temperaturo. Marinirane kozice nataknemo na nabodala.
d) Nabodala s kozicami pecite približno 2-3 minute na vsako stran ali dokler kozice niso rožnate in neprozorne.
e) Postrežemo vroče, po želji potresemo s sesekljanim svežim peteršiljem.

34. Cajun začinjene kozice na žaru

SESTAVINE:
- 1 lb velikih kozic, olupljenih in očiščenih
- 2 žlici oljčnega olja
- 2 žlički začimbe Cajun
- 1 čajna žlička prekajene paprike
- 1/2 čajne žličke česna v prahu
- 1/2 čajne žličke čebule v prahu
- Sol in črni poper po okusu
- Limonine rezine za serviranje

NAVODILA:
a) V skledi za mešanje zmešajte oljčno olje, začimbo Cajun, prekajeno papriko, česen v prahu, čebulo v prahu, sol in črni poper.
b) Dodajte kozice v skledo in premešajte, da se enakomerno prekrijejo. Marinirajte v hladilniku 20-30 minut.
c) Žar segrejte na srednje visoko temperaturo. Marinirane kozice nataknemo na nabodala.
d) Nabodala s kozicami pecite približno 2-3 minute na vsako stran ali dokler kozice niso rožnate in neprozorne.
e) Postrezite vroče z rezinami limone za stiskanje čez kozice.

35. Kajenski česen dimljeni škampi

SESTAVINE:
- Sveže kozice (3 lb., 1,4 kg.)

Začimbe
- Oljčno olje - 2 žlici
- Limonin sok - 2 žlici
- Sol - ¾ čajne žličke
- Dimljena paprika - 2 žlički
- Poper - ½ čajne žličke
- Česen v prahu - 2 žlici
- Čebula v prahu - 2 žlici
- Posušen timijan - 1 čajna žlička
- Kajenski poper - 2 žlički

NAVODILA:
Zmešajte sol, dimljeno papriko, poper, česen v prahu, čebulo v prahu, posušen timijan in kajenski poper ter dobro premešajte. Dati na stran.

Kozice pokapajte z oljčnim oljem in limoninim sokom ter jih stresite, da se prekrijejo. Kozico pustimo počivati približno 5 minut.

Začimbno mešanico potresemo po kozicah in mešamo, dokler kozice niso popolnoma začinjene.

Aluminijasto ponev za enkratno uporabo s kozicami postavimo v kadilnico na pelete in kozice dimimo 15 minut. Kozice bodo neprozorne in rožnate.

Dimljene kozice vzemite iz dimilnice na pelete in jih preložite v servirni krožnik.

Postrezite in uživajte.

36. Mojo nabodala s kozicami

SESTAVINE:
- 2 lbs. narezano slanino
- 64 surovih kozic, brez repa
- 2 C Tradicionalni kubanski Mojo
- ¼ C Adobo Criollo
- 32 Prednostna nabodala iz lesnih peletov, namočena

NAVODILA:
Surove kozice oplaknite in odcedite. V veliko skledo stresite kozice in začimbe Adobo Criollo.

Vsako kozico zavijte v ½ rezine slanine in na vsako nabodalo napeljite dva zavitka, ki se dotikata in z nabodalom skozi slanino in kozico.

Žar na pelete segrejte na srednjo temperaturo, naoljite in vanj položite nabodala.

Pečemo na žaru 3-5 minut, dokler ni slanina kuhana, obrnemo in kuhamo še 2-3 minute.

Odstranite z žara in pustite počivati na krožniku, pokritem s papirnato brisačo, 2-3 minute pred serviranjem. za to vrsto žara.

37. Jabolčna glazirana nabodala z morskimi sadeži

Dobitek: 6 porcij

SESTAVINE:
- 1 pločevinka koncentrata jabolčnega soka
- 1 žlica VSAKEGA masla in dijonske gorčice
- 1 velika sladka rdeča paprika
- 6 rezin slanine
- 12 morskih pokrovač
- 1 funt oluščenih kozic brez lupine (približno 36)
- 2 žlici na kocke svež peteršilj

NAVODILA:

a) V globoki, težki kozici kuhajte koncentrat jabolčnega soka na močnem ognju 7 10 minut ali toliko časa, dokler se ne zmanjša na približno ¾ skodelice. Odstavite z ognja, dodajte maslo in gorčico, dokler ni gladka. Dati na stran. Papriko prerežite na pol. Odstranite semena in pecelj ter papriko narežite na 24 kosov. Krhlje slanine prečno razpolovimo in vsako pokrovačo zavijemo v kos slanine.

b) poper , pokrovače in kozice izmenično nataknite na 6 nabodal. Na naoljeno rešetko za žar nataknite nabodala. Pecite na zmerno močnem ognju 2-3 minute, polivajte z glazuro iz jabolčnega soka in pogosto obračajte , dokler pokrovače niso prozorne, kozice rožnate in poper mehak. Postrežemo posuto s peteršiljem.

38. Dimljene kozice

Prekajene kozice imajo sladek in dimljen okus, ki je popoln za predjedi, solate ali priloge. Evo, kako jih kadite:

Čas priprave: 15 minut
Čas dimljenja: 30-45 minut
Znamke: Različno

SESTAVINE:
- Velika kozica, olupljena in razrezana
- Olivno olje
- Začimbe za morske sadeže po vaši izbiri
- Lesni sekanci za dimljenje

NAVODILA:
a) Olupljene in razrezane kozice stresite v skledo, pokapljajte z oljčnim oljem in vašo najljubšo začimbo za morske sadeže. Pustite, da se marinira 10-15 minut.
b) Predgrejte kadilnico na 225-250 °F (107-121 °C) in dodajte lesne sekance.
c) Začinjene kozice položite na rešetke za dimljenje, med vsako kozico pa pustite prostor.
d) Kozice dimite 30-45 minut ali dokler ne postanejo rožnate in razvijejo okus po dimu. Pazite, da jih ne prekuhate, saj lahko kozice postanejo žilave, če jih dimite predolgo.
e) Postrezite z zelenjavo na žaru ali preprosto zeleno solato.

39. Začinjena kozica z žara

Dobitek: 4 porcije

SESTAVINE:
- 24 velikih kozic; olupljen in razrezan
- 1 skodelica paprike
- po 1 žlica: kajenskega popra; česen v prahu, črni poper in sol
- 2 žlički posušenega origana
- 1 žlica posušenega timijana
- ½ žlice posušenega kopra
- 2 skodelici smetane za stepanje
- čajne žličke žafranovih nabodal
- ½ skodelice svežih koruznih zrn
- 2 žlici javorjevega sirupa
- 2 limone; sok iz
- Sol po okusu

NAVODILA:
a) Začimba za žar: zmešajte papriko, kajenski list, česen v prahu, poper, sol, origano, timijan in koper; dobro premešaj. Hraniti v npredušni posodi. Naredi približno 11/2 skodelice

b) Kozica: 4 bambusova nabodala namočite v vodo za 2 uri; na vsako nabodalo položite 6 kozic in obilno poškropite z začimbami za žar.

c) Kozice položite na žar, pri čemer pazite, da so repi stran od najbolj vročega dela ognja. Pecite na žaru približno 3 do 4 minute na vsako stran ali do konca. Ne prekuhajte. Postrezite z žafranom in sladko koruzno smetano. Postrezite 1 nabodalo na osebo.

d) Krema iz žafrana in sladke koruze: V ponvi segrejte smetano z žafranom in koruzo, dokler se žafran ne začne barvati. Dodajte sirup. Vmešajte limonin sok in sol.

40. Dimljene kozice

Dimljene kozice so odlična možnost za pripravo okusnih kozic, ki jih lahko postrežete kot predjed, prilogo ali glavno jed. Te jumbo kozice, začinjene s pikantno mešanico, med postopkom dimljenja namažemo s pikantno mešanico limone in masla. V samo 30 minutah lahko uživate v slastnem, maslenem okusu s pridihom dima.

Priprava: 15 minut
Kuhanje: 30 minut
Naredi: 4

SESTAVINE:
KOZICE:
- 16 jumbo kozic, olupljenih in očiščenih
- Pest jabolčnih, češnjevih in/ali jelševih sekancev

MEŠANICA ZAČIMB:
- 2 žlici (30 ml) čilija v prahu
- 2 žlici (30 ml) soli
- 1 žlica (15 ml) česna v prahu
- 2 žlički mletega črnega popra
- ¼ čajne žličke mletega lovorovega lista

NAVODILA:
a) Smoker segrejte na 135°C.
b) V majhni skledi zmešajte čili v prahu, sol, česen v prahu, poper in lovorjev list.
c) Mešanico začimb enakomerno potresemo po obeh straneh kozice.
d) Stopljeno maslo zmešajte z limoninim sokom, origanom in peteršiljem. Dati na stran.
e) Na vroče oglje stresite pest lesnih sekancev za dimljenje.
f) Postavite kozico v svoj smoker. Kuhajte 25 do 30 minut, vsakih 5-10 minut premažite z mešanico limoninega masla.
g) Kozico vzamemo iz smokerja in takoj postrežemo. Uživajte v okusnih dimljenih kozicah!

OSTRIGE

41. Preproste ostrige na žaru

SESTAVINE:
- 4 ducate ostrig, očiščenih
- Limonine rezine
- 1 C masla
- 1 žlička začinjene soli
- 1 žlička limoninega popra

NAVODILA:
Predgrejte žar na pelete na 350 F.
Stopite maslo z začinjeno soljo in limoninim poprom ter dobro premešajte. Dušimo 10 minut.
Ostrige, neoluščene, položite na žar za pelete.
Ko se lupine odprejo (3-5 minut), z nožem za ostrige odstranite ostrigo z vrhnje lupine in jo potisnite nazaj v skodelico z vročo pijačo iz ostrig. Zavrzite pokrov.
Dodamo žličko začinjenega masla in postrežemo.

42. Česnove ostrige Asiago

SESTAVINE:

- 1 lb sladko smetanovo maslo
- 1 žlica mleti česen
- 2 ducata svežih ostrig
- ½ C. naribanega sira Asiago
- Francoski kruh, pogret
- ¼ skodelice drobnjaka, narezanega na kocke

NAVODILA:

Zaženite žar na pelete in segrejte na srednje visoko.

Na srednje močnem ognju stopite maslo. Zmanjšajte ogenj na nizko in vmešajte česen.

Kuhajte 1 minuto in odstavite z ognja.

Ostrige položite s skodelico navzdol na žar za pelete.

Takoj ko se školjke odprejo, jih odstranite z žara.

Oluščite ostrige, tako da ostane čim več ostrigine pijače na mestu.

Prerežite vezivno mišico in vsako ostrigo vrnite v lupino.

Vsako ostrigo pokapljajte z 2 čajnima žličkama maslene mešanice in potresite z 1 čajno žličko sira. Pecite na močnem ognju 3 minute ali dokler sir ne porjavi. Potresemo z drobnjakom.

Odstranite z žara na pelete in takoj postrezite s kruhom in preostalim maslom ob strani.

43. Wasabi ostrige

SESTAVINE:
- 12 majhnih pacifiških ostrig, surovih v lupini 2 žlici. beli vinski kis
- 8 oz belega vina 1/4 C šalotke, mlete
- 2 žlici. wasabi gorčica 1 žlica. sojina omaka
- 1 C nesoljenega masla, narezanega na kocke 1 C sesekljanih listov cilantra
- Sol in črni poper po okusu

NAVODILA:
V ponvi na zmernem ognju zmešajte beli vinski kis, vino in šalotko. Dušimo toliko časa, da se tekočina nekoliko zmanjša. Dodajte wasabi gorčico in sojino omako ter premešajte.

Na nizkem ognju postopoma vmešamo maslo. Ne pustite, da zmes zavre. vmešajte cilantro in odstavite z ognja.

Ostrige kuhajte, dokler se lupine ravno ne odprejo. Ostrige odstranite z žara na pelete in odrežite vezivno mišico z zgornje lupine,

Vsako ostrigo (v lupini) zatlačite v grobo sol, da ostane pokončna, nato na vsako z žlico prelijte 1-2 čajni žlički vasabi-maslene omake in takoj postrezite.

44. Dimljene ostrige

Prekajene ostrige imajo slan in dimljen okus, ki je kot nalašč za predjedi ali dodajanje testeninam. Tukaj je opisano, kako kaditi ostrige:

Čas priprave: 15 minut
Čas dimljenja: 1-1,5 ure
Znamke: Različno

SESTAVINE:
- Sveže ostrige v lupini
- Limonin sok
- Pekoča omaka (neobvezno)
- Lesni sekanci za prekajevanje (dobra izbira so sorte jelše ali sadnega lesa)

NAVODILA:
a) Ostrige olupimo, odstranimo lupine in jih damo v skledo.
b) Ostrige potresemo z malo limoninega soka in kančkom pekoče omake za dodaten okus.
c) Predgrejte kadilnico na 225-250 °F (107-121 °C) in dodajte lesne sekance.
d) Oluščene ostrige položite neposredno na rešetke za kadilce.
e) Ostrige dimite 1-1,5 ure, dokler ne razvijejo okusa po dimu.
f) Postrezite z omako mignonette, sveže pečenim hrustljavim kruhom, krekerji ali solato iz kumar in kopra.

45. Začinjene dimljene ostrige

SESTAVINE:
- ½ skodelice sojine omake
- 2 žlici Worcestershire omake
- 1 skodelica trdno pakiranega rjavega sladkorja
- 2 posušena lovorova lista
- 2 stroka česna, nasekljana
- 2 žlički soli in črnega popra
- 1 žlica pekoče omake
- 1 žlica čebule v prahu
- 2 ducata surovih, oluščenih ostrig
- ¼ skodelice olivnega olja
- ½ skodelice (1 palčka) nesoljenega masla
- 1 čajna žlička česna v prahu

NAVODILA:
V veliki posodi zmešajte vodo, sojino omako, Worcestershire, sol, sladkor, lovorjev list, česen, poper, pekočo omako in čebulo v prahu.

Surove ostrige potopite v slanico in ohladite čez noč.

Ostrige položite na neoprijemljivo podlogo za žar, pokapajte z oljčnim oljem in podlogo postavite v kadilnico.

Ostrige dimite 1½ do 2 uri, dokler niso čvrste. Postrezite z maslom in česnom v prahu.

BRANCIN

46. Brancin na žaru z limono in zeliščnim maslom

SESTAVINE:
- 4 fileje brancina
- 1/4 skodelice nesoljenega masla, zmehčanega
- Lupina in sok 1 limone
- 2 stroka česna, nasekljana
- 1 žlica sesekljanega svežega peteršilja
- 1 žlica sesekljanega svežega timijana
- Sol in črni poper po okusu
- Limonine rezine za serviranje

NAVODILA:
a) Žar segrejte na srednje visoko temperaturo.
b) V majhni posodi zmešajte zmehčano maslo, limonino lupinico, limonin sok, sesekljan česen, sesekljan peteršilj, sesekljan timijan, sol in črni poper, da dobite zeliščno maslo.
c) Fileje brancina začinimo s soljo in črnim poprom.
d) Fileje brancina položimo na žar s kožo navzdol. Pecite na žaru približno 4-5 minut na vsako stran ali dokler riba ni pečena in se zlahka razkosmi z vilicami.
e) Odstranite brancina z žara in vsak file prelijte z izdatno kepico limoninega zeliščnega masla.
f) Postrezite vroče z rezinami limone ob strani.

47. Brancin na žaru z omako Chimichurri

SESTAVINE:
- 4 fileje brancina
- Olivno olje
- Sol in črni poper po okusu
- Chimichurri omaka (kupljena ali domača) za serviranje

NAVODILA:
a) Žar segrejte na srednje visoko temperaturo.
b) Fileje brancina premažite z olivnim oljem ter začinite s soljo in črnim poprom.
c) Fileje brancina položimo na žar s kožo navzdol. Pecite na žaru približno 4-5 minut na vsako stran ali dokler riba ni pečena in se zlahka razkosmi z vilicami.
d) Odstranite brancina z žara in ga preložite na servirni krožnik.
e) Postrezite vroče z omako chimichurri, pokapano po vrhu.

48. Brancin na žaru na azijski način

SESTAVINE:
- 4 fileje brancina
- 1/4 skodelice sojine omake
- 2 žlici medu
- 2 žlici riževega kisa
- 1 žlica sezamovega olja
- 2 stroka česna, nasekljana
- 1 čajna žlička naribanega svežega ingverja
- 2 zeleni čebuli, sesekljani
- Sezamova semena za okras (neobvezno)

NAVODILA:
a) V majhni skledi zmešajte sojino omako, med, rižev kis, sezamovo olje, sesekljan česen, nariban ingver in sesekljano zeleno čebulo, da naredite marinado.
b) Fileje brancina položimo v plitvo posodo in jih prelijemo z marinado. Obrnite, da se enakomerno nanese. Marinirajte v hladilniku 20-30 minut.
c) Žar segrejte na srednje visoko temperaturo. Fileje brancina odstranite iz marinade in zavrzite odvečno marinado.
d) Fileje brancina položimo na žar s kožo navzdol. Pecite na žaru približno 4-5 minut na vsako stran ali dokler riba ni pečena in se zlahka razkosmi z vilicami.
e) Brancina prestavimo na servirni krožnik in po želji potresemo s sezamom.
f) Postrezite vroče s kuhanim rižem ali azijsko zelenjavo.

49. Progasti bas s poganjki mačjega repa

SESTAVINE:
- 8-10 poganjkov mačjega repa, odstraniti zelene vrhove
- 6-8 smrčkov, očiščenih in narezanih
- ½ skodelice oljčnega olja plus 1 žlica
- ½ skodelice svežega timijana, očiščenega in očiščenega
- ½ čajne žličke soli
- 1 čajna žlička sveže mletega črnega popra
- 1½ funta črtastega fileja brancina
- Sol in sveže mlet črni poper
- 2 žlici masla
- Sok 1 majhne limone

NAVODILA:
a) Predgrejte žar.
b) Odstranite trdo zunanjo plast mačjih repov in jih narežite diagonalno, kot bi narezali kapesato. Dati na stran.
c) V majhni skledi zmešajte ½ skodelice olja in timijan ter sol in poper.
d) S čopičem ali žlico premažemo file brancina in ga prestavimo na žar.
e) Medtem v ponvi na srednjem ognju segrejte maslo in preostalo 1 žlico olja. Smrčke pražimo 3 do 4 minute, dokler se gobe ne zmehčajo. Dodamo narezane poganjke rogoza, znižamo ogenj in kuhamo še 2 do 3 minute. Zmanjšajte ogenj in hranite na toplem.
f) Brancina pečemo na žaru 4 do 5 minut na vsaki strani

g) Razdelite na štiri porcije in položite na tople krožnike. Zraven brancina z žlico naložimo smrčke in mačji rep. Pokapljajte limonin sok po basu in začinite z dodatno soljo in poprom. Postrezite takoj.

50. Sredozemski brancin na žaru

SESTAVINE:
- 4 fileje brancina
- 1/4 skodelice ekstra deviškega oljčnega olja
- Lupina in sok 1 limone
- 2 stroka česna, nasekljana
- 1 žlica sesekljanega svežega rožmarina
- 1 žlica sesekljanega svežega origana
- Sol in črni poper po okusu
- Rezine limone in sveža zelišča za okras

NAVODILA:
a) V majhni skledi zmešajte ekstra deviško oljčno olje, limonino lupinico, limonin sok, sesekljan česen, sesekljan rožmarin, sesekljan origano, sol in črni poper, da naredite marinado.
b) Fileje brancina položimo v plitvo posodo in jih prelijemo z marinado. Obrnite, da se enakomerno nanese. Marinirajte v hladilniku 20-30 minut.
c) Žar segrejte na srednje visoko temperaturo. Fileje brancina odstranite iz marinade in zavrzite odvečno marinado.
d) Fileje brancina položimo na žar s kožo navzdol. Pecite na žaru približno 4-5 minut na vsako stran ali dokler riba ni pečena in se zlahka razkosmi z vilicami.
e) Brancina preložimo na servirni krožnik. Okrasite z rezinami limone in svežimi zelišči.
f) Postrezite vroče s prilogo po izbiri, kot je pečena zelenjava ali kuskus.

51. Mayo - bas na žaru

SESTAVINE:

- 2 lbs. fileje brancina ali zrezke
- 1 C majoneze
- 4 oz. sojina omaka

NAVODILA:

a) Zmešajte majonezo in sojino omako.
b) Z mešanico pokrijte celotno površino (mesna stran) vsakega fileja brancina.
c) Postavite na žar za pelete s kožo navzdol. Ne obračajte.
d) Ko se robovi obrnejo navzgor in luske luščijo, odstranite in postrezite.

52. Progasti bas z omako iz kozic

SESTAVINE:
- 1 velika sladka bela čebula, drobno sesekljana
- 3-4 stroki česna, olupljeni
- 2 žlički drobno sesekljanega svežega ingverja
- 1 čajna žlička čilija v prahu
- 2½ žlici kanolinega olja
- 1¼ funta črtastih filejev brancina
- 1 srednje velik paradižnik, narezan na kocke
- 1 žlica paste iz kozic
- Sok ½ limone (približno 1½ žlice)
- Kuhan beli riž

NAVODILA:
a) Čebulo, česen, ingver in čili v prahu petkrat ali šestkrat pretlačite v skledi kuhinjskega robota. Postrgajte po straneh in pretlačite 1 do 2 minuti ali dokler ni gladka.
b) V srednje veliki ponvi na srednje močnem ognju segrejte olje. Dodajte pretlačene sestavine, premešajte, zmanjšajte ogenj in pokrito kuhajte približno 15 minut, občasno premešajte, dokler se ne zgosti.
c) Medtem segrejte žar.
d) Fileje zložimo na naoljeno rešetko in jih pečemo 3 do 4 minute. Obrnite in kuhajte 4 do 5 minut dlje ali dokler ni čvrsta. Premaknite se na grelno polico žara.
e) Dodajte paradižnik v ponev, kuhajte 3 do 4 minute, vmešajte pasto s kozicami in mešajte 1 minuto.

f) Fileje preložimo v ponev, nanje pa z žlico prelijemo omako. Po vrhu pokapajte limonin sok, pokrijte 1 do 2 minuti in odstavite z ognja.
g) Ribo razdelite na štiri dele, vsakega prelijte z omako in takoj postrezite z belim rižem.
h) SLUŽBA 4

JASTOG

53. Sladki jastogovi repki na žaru

SESTAVINE:

- 12 jastogovih repov
- ½ C olivnega olja
- ¼ C svežega limoninega soka
- ½ C masla
- 1 žlica strt česen
- 1 žlička sladkorja
- 1/2 žličke soli
- ½ žličke črnega popra

NAVODILA:

Zmešajte limonin sok, maslo, česen, sol in poper na nizkem ognju in mešajte, dokler se dobro ne zmeša, hranite na toplem.

Ustvarite "hladno območje" na enem koncu žara na pelete. Mesno stran repov namažite z olivnim oljem, položite na žar in pecite 5-7 minut, odvisno od velikosti jastogovega repa.

Po obračanju meso 2-3 krat premažemo s česnovim maslom.

Ko so končani, mora biti lupina živo rdeča. Odstranite repke z žara in z velikimi kuhinjskimi škarjami razrežite zgornji del lupine.

Postrezite s toplim česnovim maslom za namakanje.

54. Repi jastoga z limoninim maslom

SESTAVINE:
- 4 (8 unč) repi jastoga, sveži (ne zamrznjeni)
- 1 skodelica (2 palčki) nesoljenega masla, stopljeno, razdeljeno
- Sok 2 limon
- 1 čajna žlička mletega česna
- 1 čajna žlička posušenega timijana
- 1 čajna žlička posušenega rožmarina
- 1 čajna žlička soli
- 1 čajna žlička sveže mletega črnega popra
- Oljčno olje, za naoljenje rešetke
- $\frac{1}{4}$ skodelice sesekljanega svežega peteršilja

NAVODILA:
a) V majhni skledi zmešajte maslo, limonin sok, česen, timijan, rožmarin, sol in poper. Vsak jastogov rep premažite z 1 žlico limoninega masla.

b) Položite repe na stojalo za kadilce z razcepljeno stranjo navzgor.

c) Repe dimite od 45 minut do 1 ure, pri čemer vsakega med kuhanjem enkrat premažite z 1 žlico limoninega masla.

d) Odstranite repke jastoga in jih potresite s peteršiljem ter postrezite s preostalim limoninim maslom za namakanje.

55. Prekajeni repi jastoga

SESTAVINE:
MASLO IZ LIMONE, ČESNA:
- ½ skodelice (1 palčka ali 113,4 grama) soljenega masla
- 4 stroki česna
- 2 žlici (29,57 ml) sveže iztisnjenega limoninega soka

DIMLJENI REPKI JASTOGA:
- 4 repi jastoga, odmrznjeni (4-6 unč vsak, 113-170 gramov vsak)
- Sol in poper
- Sveže sesekljan peteršilj za okras (neobvezno)

NAVODILA:
MASLO IZ LIMONE, ČESNA:
a) V majhni ponvi na srednje nizkem ognju raztopite maslo. Dodamo česen in neprestano mešamo 30 sekund.
b) Ugasnite ogenj in vmešajte limonin sok. Limonino-česnovo masleno omako odstavimo.

DIMLJENI REPKI JASTOGA:
c) Vzemite kuhinjske škarje in na deski za rezanje zarežite sredino lupine do dna repne plavuti. Obrnite rep in nežno pritisnite na trebuh, da se meso sprosti.
d) Jastoga znova obrnite tako, da je stran z zarezo obrnjena navzgor, in nežno povlecite polovice lupine jastoga narazen, tako da s prsti zrahljate meso iz notranjosti lupine, medtem ko ostane pritrjeno na dnu. Ko se meso razrahlja, ga položite na hrbtno stran lupine.

e) Jastogove repke premažite z limonino-česnovo masleno omako ter potresite s soljo in poprom.
f) Repe jastoga položite neposredno na rešetke žara kadilnice pri 225 stopinjah F z vodno posodo. Zaprite pokrov in dimite, dokler notranja temperatura mesa ne doseže 130-140 stopinj F, kar naj traja približno 45-60 minut.
g) Prekajene repke jastoga odstranite iz smokerja, jih ponovno premažite z limonino-česnovim maslom in po želji potresite s peteršiljem.
h) Uživajte v okusnih prekajenih jastogovih repih z limonino-česnovim maslom! Ta elegantna in okusna jed bo zagotovo navdušila.

RDEČI HRABAČ

56. Rdeči hlastač s sladkorno skorjo

SESTAVINE:

- 1 žlica rjavega sladkorja
- 2 žlički mletega česna
- 2 čajni žlički soli
- 2 žlički sveže mletega črnega popra
- ½ čajne žličke zdrobljenih kosmičev rdeče paprike
- 1 (1½- do 2 funta) file rdečega hlastača
- 2 žlici oljčnega olja in še več za naoljenje rešetke
- 1 narezana limeta, za okras

NAVODILA:

Po posebnem zagonskem postopku proizvajalca predhodno segrejte kadilnico na 225 °F in dodajte prednostne pelete jelše.

V majhni skledi zmešajte rjavi sladkor, česen ter sol, poper in kosmiče rdeče paprike, da dobite mešanico začimb.

Ribe namažite z oljčnim oljem in nanesite mešanico začimb.

Naoljite rešetko za žar ali podlogo za žar proti sprijemanju ali perforirano rešetko za pico. File postavite na stojalo za dimljenje in dimite 1 do 1½ ure, dokler notranja temperatura dima ne doseže 145 °F.

Odstranite ribe iz Preferred Wood Pellet in postrezite vroče z rezinami limete.

57. Citrusov hlastač na žaru z limetinim rižem

Dobitek: 1 porcija

SESTAVINE:
- 1½ funta rdečega hlastača
- 1 skodelica pomarančnega soka
- 1 skodelica grenivkinega soka
- ¼ skodelice limetinega soka
- 2 žlici mletega svežega cilantra
- ¼ čajne žličke kajenskega popra
- 2 žlici sojine omake
- 1 žlica na kocke narezanega česna
- 1½ skodelice vode
- 1 skodelica dolgozrnatega riža
- 1 žlica ekstra deviškega oljčnega olja
- 2½ žlici svežega limetinega ali limoninega soka
- 3 čajne žličke naribane lupine; (za okras)
- 1 čajna žlička mletega belega popra
- ¼ skodelice narezane zelene čebule ali čebule; (za okras)

NAVODILA:
a) Žar segrejte na 375 stopinj.
b) V plitkem pekaču zmešajte sok citrusov, koriander, kajenski poper, na kocke narezan česen in sojino omako. Dodajte ribo in pustite v hladilniku 4 ure, po 2 urah pa ribo obrnite.
c) vzamemo iz slanice in zavijemo v aluminijasto folijo. Zavito embalažo položite na ponev in pecite 15 do 20 minut ali toliko časa, da se meso zlahka razkosmi. Ribo odvijte in postrezite na velikem krožniku.

LIMETIN RIŽ:

d) Zmešajte sestavine in kuhajte 30 minut ali dokler voda ne izhlapi.

e) Začinite s poprom in okrasite z lupinico in kapesanto

58. Rdeči hlastač na žaru z marinado iz citrusov

SESTAVINE:
- 4 fileje rdečega hlastača
- 1/4 skodelice olivnega olja
- Lupina in sok 1 limone
- Lupina in sok 1 limete
- 2 stroka česna, nasekljana
- 1 žlica sesekljanega svežega peteršilja
- 1 žlica sesekljanega svežega cilantra
- Sol in črni poper po okusu
- Rezine limone in limete za serviranje

NAVODILA:
a) V skledi za mešanje zmešajte olivno olje, limonino lupinico, limonin sok, limetino lupinico, limetin sok, sesekljan česen, sesekljan peteršilj, sesekljan koriander, sol in črni poper, da dobite marinado.

b) Fileje hlastačev položimo v plitko posodo in jih prelijemo z marinado. Obrnite, da se enakomerno nanese. Marinirajte v hladilniku 20-30 minut.

c) Žar segrejte na srednje visoko temperaturo. Fileje rdečega hlastača odstranite iz marinade in zavrzite odvečno marinado.

d) Fileje rdečega hlastača položite na žar s kožo navzdol. Pecite na žaru približno 4-5 minut na vsako stran ali dokler riba ni pečena in se zlahka razkosmi z vilicami.

e) Postrezite vroče z rezinami limone in limete ob strani.

59. B BQ Red Snapper z začinjeno mangovo salso

SESTAVINE:
- 4 fileje rdečega hlastača
- Olivno olje
- Sol in črni poper po okusu

ZA ZAČIMBNO MANGO SALSO:
- 1 zrel mango, narezan na kocke
- 1/2 rdeče čebule, drobno sesekljane
- 1/2 rdeče paprike, narezane na kocke
- 1 jalapeño, brez semen in drobno narezan
- 1/4 skodelice sesekljanega svežega cilantra
- Sok 1 limete
- Sol in črni poper po okusu

NAVODILA:
a) Žar segrejte na srednje visoko temperaturo.
b) Fileje rdečega hlastača premažite z oljčnim oljem ter začinite s soljo in črnim poprom.
c) Fileje rdečega hlastača položite na žar s kožo navzdol. Pecite na žaru približno 4-5 minut na vsako stran ali dokler riba ni pečena in se zlahka razkosmi z vilicami.
d) Medtem pripravite začinjeno mangovo salso tako, da v skledi zmešate na kocke narezan mango, sesekljano rdečo čebulo, na kocke narezano rdečo papriko, sesekljan jalapeño, sesekljan koriander, limetin sok, sol in črni poper. Dobro premešaj.
e) Rdečega hlastača, pečenega na žaru, postrezite vroče s pikantno mangovo salso, položeno po vrhu.

60. Cajun rdeči hlastač na žaru

SESTAVINE:
- 4 fileje rdečega hlastača
- 2 žlici oljčnega olja
- 2 žlički začimbe Cajun
- 1 čajna žlička prekajene paprike
- 1/2 čajne žličke česna v prahu
- 1/2 čajne žličke čebule v prahu
- Sol in črni poper po okusu
- Limonine rezine za serviranje

NAVODILA:
a) V majhni skledi zmešajte oljčno olje, začimbo Cajun, prekajeno papriko, česen v prahu, čebulo v prahu, sol in črni poper.
b) Z začimbno mešanico natrite fileje rdečega hlastača na obeh straneh.
c) Žar segrejte na srednje visoko temperaturo. Fileje rdečega hlastača položite na žar s kožo navzdol.
d) Pecite na žaru približno 4-5 minut na vsako stran ali dokler riba ni pečena in se zlahka razkosmi z vilicami.
e) Postrezite vroče z rezinami limone ob strani.

61. Rdeči hlastač na žaru s paradižnikovo baziliko salso

SESTAVINE:
- 4 fileje rdečega hlastača
- 2 žlici oljčnega olja
- Sol in črni poper po okusu

ZA SALSO PARADIŽNIKOVA BAZILIKA:
- 2 velika paradižnika, narezana na kocke
- 1/4 skodelice sesekljane sveže bazilike
- 2 žlici sesekljane rdeče čebule
- 1 žlica balzamičnega kisa
- 1 žlica olivnega olja
- Sol in črni poper po okusu

NAVODILA:
a) Žar segrejte na srednje visoko temperaturo.
b) Fileje rdečega hlastača premažite z oljčnim oljem ter začinite s soljo in črnim poprom.
c) Fileje rdečega hlastača položite na žar s kožo navzdol. Pecite na žaru približno 4-5 minut na vsako stran ali dokler riba ni pečena in se zlahka razkosmi z vilicami.
d) Medtem pripravite salso iz paradižnikove bazilike, tako da v skledi zmešate na kocke narezan paradižnik, sesekljano baziliko, sesekljano rdečo čebulo, balzamični kis, olivno olje, sol in črni poper. Dobro premešaj.
e) Rdečega hlastača na žaru postrezite vroče s salso iz paradižnikove bazilike, ki jo potresete po vrhu.

BELA RIBA (TRSKA, VAHNJA IN PLOŠKA, CRAPIE, SOM)

62. Ribji takosi z ognjeno papriko

SESTAVINE:
- 1 (16 unč) karton pripravljena sladka zeljna solata
- 1 majhna rdeča čebula, sesekljana
- 1 poblano paprika, sesekljana
- 1 jalapeño poper, sesekljan
- 1 serrano paprika, sesekljana
- ¼ skodelice sesekljanega svežega cilantra
- 1 žlica mletega česna
- 2 čajni žlički soli, razdeljeni
- 2 čajni žlički sveže mletega črnega popra, razdeljeno
- 1 limeta, prepolovljena
- 1-funt trske brez kože, morske plošče ali katere koli bele ribe (glejte nasvet)
- 1 žlica oljčnega olja in še več za naoljenje rešetke
- Tortilje iz moke ali koruze
- 1 avokado, narezan na tanke rezine

NAVODILA:
Naredi slanino.

Iz ene polovice limete iztisnite sok, drugo polovico pa narežite na kolesca. Ribe po celem namažite z limetinim sokom in olivnim oljem.

Začinite ribe in jih postavite na stojalo za dimljenje in dimite 1 do 1 uro in pol

63. Ribja nabodala na žaru

SESTAVINE:
- 1 funt čvrste bele ribe
- 1 čajna žlička soli
- 6 strokov česna
- 1½ palca sveže korenine ingverja
- 1 žlica garam masale
- 1 žlica mletega koriandra
- 1 čajna žlička kajenskega popra
- 4 unče navadnega jogurta
- 1 žlica rastlinskega olja
- 1 limona
- 2 pekoči zeleni čili papriki

NAVODILA:
a) File in kožo ribe nato narežite na 11/2-palčne kocke. Na vsako nabodalo položite približno 5 kosov in jih potresite s soljo.

b) Iz česna, ingverja, začimb in jogurta naredite pasto in z njo pokrijte ribe. Pustite nekaj ur, nato pa pecite na žaru.

c) Nabodala lahko med peko po potrebi poškropite z malo olja. Okrasite z limono, narezano na rezine, in finimi kolobarji zelene paprike s semeni.

64. Dimljena trska

SESTAVINE:

- 4 fileji trske

SUHA SLAMNICA:

- ½ skodelice (120 gramov) rjavega sladkorja
- ⅓ skodelice (80 gramov) košer soli

NAVODILA:

a) Ribe potresemo s soljo in suho slanico v hladilniku eno uro.
b) Ribo vzamemo iz hladilnika in jo osušimo s papirnatimi brisačkami.
c) Zakurite svoj smoker na 225 °F (107 °C) ali nastavite svoj žar za 2-consko kuhanje. Premogu dodajte sekance.
d) Fileje polenovke obložite s pršilom proti sprijemanju ali jih rahlo premažite z majonezo. Tako boste preprečili, da bi se fileji prijeli na rešetke kadilnice.
e) Polenovko položite na dimilne rešetke. Kuhajte, dokler notranja temperatura ne doseže 140 °F (60 °C), kar naj traja približno 40-60 minut.

65. Ribe na žaru z glazuro Dijon

SESTAVINE:
- 4 ribji fileji ali zrezki; 7 unč
- ¼ skodelice limonine zeliščne dijonske glazure
- ½ skodelice suhega belega vina
- sveže zelišče; za okras

NAVODILA:
a) Segrejte do 500 stopinj.
b) Ponev segrejte na visoki temperaturi, dokler ni zelo vroča.
c) Med segrevanjem s čopičem premažite vse površine rib, še posebej meso.
d) Peka na žaru: ribe postavite na žar in jih pecite, pri čemer jih obrnite samo enkrat (5 minut na palec). Ribo vzamemo iz žara ali z žara in jo takoj prestavimo na segreto porcijsko posodo ali ogrete posamezne krožnike. V ponev prilijemo vino in med stalnim mešanjem kuhamo na zmerni temperaturi, dokler se omaka ne zmanjša za polovico. Za pečenje na žaru v majhni ponvi skuhajte vino in 1 žlico dijonske glazure. Prelijemo čez ribe, okrasimo s svežimi zelišči in takoj postrežemo.

66. Orada na žaru s koromačem

SESTAVINE:
- 4 fileje orade
- Oljčno olje za ščetkanje
- 10 šalotke; olupljen, segmentiran
- 4 korenje; fino segmentiran
- 1 cel koromač; stržen, razpolovljen
- 2 ščepca žafrana
- Sladko belo vino
- 1 pin ribje osnove
- 1-pint dvojne smetane
- Pomaranča; sok iz
- 1 šopek koriandra; drobno narezana

NAVODILA:
a) Korenje, šalotko, koromač in žafran kuhamo na olivnem olju brez barve 3-4 minute. Zelenjavo do treh četrtin zalijemo z vinom in popolnoma reduciramo.

b) Prilijemo ribjo osnovo in jo za tretjino reduciramo. Med redukcijo preverite korenje in če je pravkar kuhano, odcedite tekočino iz zelenjave in vrnite tekočino v ponev, da se še redcira. Zelenjavo odstavimo.

c) Reducirani tekočini dodamo smetano in reduciramo, da se rahlo zgosti. Fileje orade premažite z olivnim oljem in specite s kožo navzdol.

d) Reducirani juhi dodajte pomarančni sok in vrnite zelenjavo v ponev. Začinimo in postrežemo k ribam.

67. Crappie na žaru s slanino

SESTAVINE:
- 20 Crappie filejev
- 20 rezin slanine
- ¼ čajne žličke česna v prahu
- ¼ čajne žličke čebule v prahu
- ¼ čajne žličke popra

NAVODILA:
a) Fileje potresemo z začimbami. Fileje zvijemo, ovijemo s slanino in zabodemo z zobotrebcem.
b) Pecite na skromnem ognju z jabolčnimi peleti Preferred Wood Pellet, pri čemer fileje večkrat obrnite.
c) Prepričajte se, da vse plamene, ki jih povzroča slanina, pogasite z razpršilno steklenico z vodo.
d) Kuhajte, dokler slanina ne porjavi in v notranjosti so kosmiči fileja.

68. Dimljen som

SESTAVINE:
- 1 liter (946 ml) pinjenca
- 2 žlici (30 ml) pekoče omake
- 4 veliki fileji soma
- 2 čajni žlički (10 g) posušenega origana
- 1 čajna žlička dehidrirane limonine lupinice
- 1 čajna žlička (5 g) košer soli
- ½ čajne žličke mletega črnega popra
- Olivno olje

NAVODILA:
a) Zmešajte pinjenec in vročo omako v 13 x 9-palčni pekač. Dodajte fileje soma in jih pokrijte s plastično folijo. Hladimo 1 uro. Po 1 uri vzamemo soma iz hladilnika in ga osušimo s papirnatimi brisačkami.
b) Nastavite svoj žar za posredno toploto pri srednje nizki temperaturi, približno 275 stopinj F.
c) V majhni skledi zmešajte origano, limonino lupinico, sol in poper.
d) Fileje soma rahlo premažemo z olivnim oljem in jih enakomerno potresemo z začimbami.
e) Soma postavite na žar stran od vročega oglja. Dimite soma, dokler ni popolnoma kuhan in zlato rjav, približno 45 minut.
f) Dimljenega soma odstranimo z žara in ga položimo na servirni krožnik. Postrezite s pomarančno omako iz kopra.

69. Hrustljav som na žaru

SESTAVINE:
- 4 cel som
- ½ skodelice masla; stopljeno
- ¾ skodelice drobno zdrobljenih drobtin krekerja
- 1 čajna žlička začinjene soli
- ½ čajne žličke soli zelene
- ½ čajne žličke česnove soli

NAVODILA:
a) V plitvi posodi zmešajte drobtine krekerja in začimbe.
b) Vsako ribo pomočimo v stopljeno maslo, nato pa povaljamo v začinjenih drobtinah.
c) Ribe položite na naoljeno rešetko štiri centimetre nad vročim ogljem. Pecite 8 do 10 minut na vsako stran, enkrat nežno obrnite.

70. Na žaru pečen file morske plošče

SESTAVINE:
- 3/4 skodelice svežih krušnih drobtin
- 2 žlici. nariban sir Pecorino Romano
- 1 žlica limonina lupina
- 1 žlica margarina (stopljena)
- 2 žlici. majoneza

OBLAČENJE
- 1 žlica svež pehtran (narezan)
- 1 lb fileti morske plošče (približno 1-1/2 cm debeline, koža ostane)
- 2 žlici. svež limonin sok

NAVODILA:
a) V skledi zmešajte krušne drobtine, parmezan, limonino lupinico, sol in poper. Dodamo margarino in premešamo, da nastane drobtinasta zmes.
b) V drugi skledi zmešajte majonezni preliv in pehtran.
c) Na krožnik razporedite ribe s kožo navzdol. Vsak file premažite z mešanico majoneze. Na vsak file vtisnite mešanico drobtin.
d) Žar segrevajte na visoki temperaturi 10 minut. Ogenj zmanjšajte na srednje visoko. Fileje razporedite po žaru s kožo navzdol. Spustite pokrov in kuhajte, dokler se riba zlahka ne razkosmi z vilicami in preliv lepo porjavi, približno 10-12 minut.
e) Vsak file pokapljamo z limoninim sokom. Postrezite takoj.

MAHI MAHI, POSTRV IN SKUŠA

71. Poper-Koper Mahi-Mahi

SESTAVINE:

- 4 mahi-mahi fileji
- ¼ skodelice sesekljanega svežega kopra
- 2 žlici sveže iztisnjenega limoninega soka
- 1 žlica zdrobljenega črnega popra
- 2 žlički mletega česna
- 1 čajna žlička čebule v prahu
- 1 čajna žlička soli
- 2 žlici oljčnega olja

NAVODILA:

a) Fileje po potrebi obrežite in odrežite vidno rdečo krvno linijo. Škodilo vam ne bo, a njegov močnejši okus lahko hitro prežema preostali del fileja.

b) V majhni skledi zmešajte koper, limonin sok, poper v zrnu, česen, čebulo v prahu in sol, da naredite začimbo.

c) Ribo namažite z olivnim oljem in po vsej namažite z začimbami. Naoljite rešetko za žar ali podlogo za žar proti sprijemanju ali perforirano rešetko za pico.

d) Fileje postavite na stojalo za dimljenje in dimite 1 do 1 uro in pol.

72. Dimljena skuša z limoninim maslom in slanico iz brinovih jagod

SESTAVINE:
- File skuše (4 lbs., 1,8 kg.)

SLAMNICA
- Hladna voda - 4 skodelice
- Gorčična semena - 1 žlica
- Posušene brinove jagode - 1 žlica
- lovorjev list - 3
- Sol - 1 žlica

GLAZURA
- Maslo - 2 žlici
- Limonin sok - 2 žlici

NAVODILA:
a) V posodo nalijemo hladno vodo, ki jo začinimo s soljo, lovorjem, suhimi brinovimi jagodami in gorčičnimi semeni ter dobro premešamo.

b) Dodajte file skuše mešanici slanice in nato namočite. Slano skušo položimo na list aluminijaste folije in jo namažemo z maslom.

c) Pokapljamo z limoninim sokom in nato file skuše zavijemo v aluminijasto folijo.

d) Zavito skušo dimite 2 uri ali dokler se ne razkosmi in ko je gotova, jo odstranite iz kadilnice.

73. Dimljena postrv

SESTAVINE:
- Cela postrv, očiščena in brez drobovja
- Mešanica slanice (sol, sladkor, voda in neobvezna zelišča)
- Lesni sekanci za dimljenje (jelša, jablana ali češnja se dobro podajo k postrvi)

NAVODILA:
a) Pripravite mešanico slanice tako, da v vodi raztopite sol in sladkor. Dodajte poljubna zelišča ali začimbe za dodaten okus. Očiščeno postrv potopimo v slanico in postavimo v hladilnik za vsaj 2 uri ali čez noč.
b) Postrvi odstranite iz slanice, sperite in posušite.
c) Predgrejte kadilnico na 225-250 °F (107-121 °C) in dodajte lesne sekance.
d) Postrvi položite na rešetke za dimljenje, med vsako ribo pa pustite prostor.
e) Postrv dimite 2-3 ure ali dokler notranja temperatura ne doseže 145 °F (63 °C). Postrv naj bo zlato rjave barve in prijetnega vonja po dimu.
f) Postrezite s hrenovo smetanovo omako, sveže pečenimi rezinami bagete ali preprosto solato z rukolo, češnjevimi paradižniki in limoninim vinaigretom.

74. Dimljena slanica Trout

SESTAVINE:
- 2 celi postrvi (sveža, s kožo, brez kosti)
- 3 skodelice sveže ribje slanice

NAVODILA:
a) Postrvi dajte v plastično posodo, ki jo je mogoče zapreti, in v posodo nalijte slanico sveže ribe
b) File prenesite na neoprijemljiv pekač za žar in ga postavite v kadilnico za 1 minuto
c) Nadaljujte s kajenjem, dokler se notranja toplota tune ne dvigne na 145°F
d) Odstranite jih iz kadilnice in pustite počivati 5 minut
e) Postrezite in uživajte

75. Dimljen Mahi-Mahi

SESTAVINE:
- Mahi-Mahi fileji
- Olivno olje
- Limonin sok
- Koper ali vaša najljubša začimba za morske sadeže
- Lesni sekanci za dimljenje (jelša ali hikori dobro delujejo)

NAVODILA:
a) Mahi-Mahi fileje premažite z oljčnim oljem in jih pokapajte z limoninim sokom ter izbranimi morskimi začimbami. Za dodaten okus lahko dodate nekaj svežega kopra.
b) Predgrejte kadilnico na 225-250 °F (107-121 °C) in dodajte lesne sekance.
c) Začinjene Mahi-Mahi fileje položite na rešetke za dimljenje.
d) Mahi-Mahi dimite 1-2 uri, dokler niso popolnoma kuhani in ne prevzamejo okusa dima.
e) Postrezite z mangovo salso, pilafom z divjim rižem s popečenimi mandlji ali bučkami in rumeno bučo na žaru.

76. Bbq potočna postrv

SESTAVINE:
- ¼ skodelice rumene gorčice
- ¼ skodelice čilijeve omake
- 2 žlici rjavega sladkorja
- 1 čajna žlička soli
- 1 mleto čebulo
- 1 čajna žlička Worcestershire omake
- 4 očiščene postrvi

NAVODILA:

a) Zmešajte gorčico, čili omako, rjavi sladkor, sol, čebulo in Worcestershire v majhni ponvi; dušimo 10 minut.

b) Ribe položite v dobro namaščen žični žar; premažite z omako.

c) Pecite 8 minut na vsaki strani, občasno polijte.

77. Dimljena skuša iz jelševega lesa

SESTAVINE:
- 8-12 filejev skuše

ZA SLANIK:
- 2 skodelici (500 ml) vrele vode
- 2 skodelici (500 ml) zdrobljenega ledu in vode
- ½ skodelice (125 g) morske soli
- ¼ skodelice (65 g) mehkega svetlo rjavega sladkorja
- 1 limona (sok)
- 1 lovorjev list
- ¾ čajne žličke česna v prahu
- ¾ čajne žličke čebule v prahu
- ¾ čajne žličke mletega pimenta
- ½ čajne žličke belega popra

ZA KAJENJE:
- 1 kos jelševega lesa

NAVODILA:
a) Začnite s pripravo slanice. V srednje veliko ponev dodajte vrelo vodo skupaj s preostankom slanice sestavine in ponovno zavrite. Mešajte sol in sladkor, dokler se ne raztopita. Ko zavre, odstavite z ognja in pustite stati 5 minut.

b) Merilni vrč do oznake napolnite z zdrobljenim ledom, nato dodajte hladno vodo do iste oznake in jo dodajte slanici. Ko se ves led stopi, s prstom preverite temperaturo. Če je na dotik hladen, je pripravljen za uporabo. Če je toplo, ga damo za pol ure v hladilnik in ponovno preizkusimo.

c) Fileje skuše operemo in jih položimo s kožo navzgor v nekovinsko posodo, na primer posodo Tupperware, ki je nekoliko daljša od filejev. Skušo prelijemo s slanico in za 30 minut postavimo v hladilnik.
d) Ko je skuša 30 minut v slanici, jo odstranite iz slanice, odvečno sperite in meso položite na dvojno plast kuhinjske krpe. Kožo potapkajte z več kuhinjskimi brisačami.
e) Žično rešetko za hlajenje rahlo naoljite z jedilnim oljem in položite fileje s kožo navzdol na rešetko. Rešetko postavimo v hladilnik in pustimo vsaj 2 uri, da se posuši in oblikuje ovoj. Boljša kot je folija, boljši je dim. Lupina je lepljiv film, ki se oblikuje na mesu in pomaga, da se dim prilepi na ribo.
f) V kamado prižgite majhen ogenj, dodajte majhen kos jelše, nastavite na indirektno toploto in na žaru počasi segrejte na 70-80°C.
g) Ko se kamado segreje na želeno temperaturo, lahko na žar postavite celotno rešetko ali pa vsak file prestavite na žar posebej, pri čemer ga ne pozabite najprej naoljiti.
h) Skušo dimite približno 45 minut do ene ure, dokler ne dobite lepe dimljene barve.
i) Dimljeno skušo postrezite takoj ali pa jo ohladite, da pozneje postrežete hladno.

78. Postrv na žaru na oglju

SESTAVINE:
- 4 postrvi (10 unč vsaka, 283 gramov vsaka)
- $\frac{1}{2}$ skodelice majoneze
- 1 velik paradižnik; Segmentirano
- 4 limone; Segmentirano
- 2 čebuli; Segmentirano

NAVODILA:
a) Prižgite žar in pustite, da premog zgori, dokler ne dosežete enakomerne, srednje visoke temperature.
b) Postrvi očistite, pri tem pazite, da pustite glave. To ne doda samo okusa, ampak tudi poskrbi za privlačno predstavitev.
c) Notranjost vsake postrvi namažite z majonezo in jo enakomerno premažite.
d) V vsako postrv položite narezane paradižnike.
e) Odprite žar za ribe in razporedite polovico narezane čebule in limone. Nato nanjo položimo postrv in dodamo preostalo čebulo in limone. Ribji žar dobro zaprite.
f) Postrvi spečemo neposredno na žaru. Pečemo 6 do 7 minut na eni strani, nato jih previdno obrnemo in kuhamo še 5 do 6 minut, dokler se postrvi ne skuhajo in lepo pooglejo.
g) Ko je postrv pečena, jo postrezite z omako po izbiri, kot je koprova omaka ali vaša najljubša.
h)

79. Fish Camp Postrv

SESTAVINE:
- 4 majhne cele postrvi, očiščene
- 4 trakovi slanine
- 4 vejice svežega timijana
- 1 limona
- sol in poper po okusu

NAVODILA:
a) Naoljite rešetke in segrejte žar na pelete. Slanino prepražimo, da se je začela kuhati, a je še mehka. Postrvi splaknemo in osušimo s papirnato brisačo.
b) V vsako ribo položite vejico timijana. Vsako postrv ovijemo s trakom slanine in pritrdimo z zobotrebcem.
c) Postrvi položite na žar na pelete ali v naoljeno košaro za žar in pecite 5-7 minut na vsako stran, odvisno od velikosti postrvi. Postrv je pečena, ko meso v sredini postane neprozorno in se zlahka razkosmi.
d) Čez vsako ribo stisnite malo svežega limoninega soka in postrezite.

pokrovače

80. Nabodala iz pokrovače z maslom iz limone in česna

SESTAVINE:
- 1 lb svežih pokrovač, očiščenih in popivnanih
- 2 žlici oljčnega olja
- 2 stroka česna, nasekljana
- Lupina in sok 1 limone
- 2 žlici sesekljanega svežega peteršilja
- Sol in poper po okusu
- Limonine rezine za serviranje

NAVODILA:
a) Žar segrejte na srednje visoko temperaturo.
b) V majhni skledi zmešajte olivno olje, mlet česen, limonino lupinico, limonin sok, sesekljan peteršilj, sol in poper.
c) Pokrovače nabodemo na nabodala.
d) Pokrovače premažite z mešanico masla iz limone in česna.
e) Postavite nabodala pokrovače na rešetko in jih pecite približno 2-3 minute na vsako stran ali dokler pokrovače ne postanejo neprozorne in se pojavijo sledi žara.
f) Postrezite vroče z rezinami limone.

81. S slanino ovite pokrovače na žaru

SESTAVINE:

- 1 lb svežih pokrovač, očiščenih in popivnanih
- 8 rezin slanine, prerezanih na pol
- Sol in poper po okusu
- Leseni zobotrebci, namočeni v vodi 30 minut

NAVODILA:

a) Žar segrejte na srednje visoko temperaturo.
b) Pokrovače začinimo s soljo in poprom.
c) Vsako pokrovačo ovijte s polovico rezine slanine in pritrdite z lesenim zobotrebcem.
d) Pokrovače, ovite s slanino, položite na žar in pecite približno 3-4 minute na vsako stran ali dokler slanina ni hrustljava in pokrovače neprozorne.
e) Postrezite vroče kot predjed ali z vašo najljubšo omako.

82. Solata iz pokrovač na žaru z balzamično glazuro

SESTAVINE:
- 1 lb svežih pokrovač, očiščenih in popivnanih
- 2 žlici oljčnega olja
- Sol in poper po okusu
- Mešana zelena solata
- Češnjev paradižnik, prepolovljen
- Rdeča čebula, tanko narezana
- Balzamična glazura za prelivanje

NAVODILA:
a) Žar segrejte na srednje visoko temperaturo.
b) Pokrovače namažite z olivnim oljem ter začinite s soljo in poprom.
c) Na žar položite pokrovače in jih pecite približno 2-3 minute na vsako stran ali dokler pokrovače ne postanejo neprozorne in se pojavijo sledi žara.
d) V veliko skledo stresite mešano zeleno solato, češnjev paradižnik in na tanko narezano rdečo čebulo.
e) Po solati razporedimo pečene pokrovače.
f) Pred serviranjem jih prelijemo z balzamično glazuro.

83. Medeno-kajenske morske pokrovače

SESTAVINE:

- ½ skodelice (1 palčka) masla, stopljenega
- ¼ skodelice medu
- 2 žlici mletega kajenskega popra
- 1 žlica rjavega sladkorja
- 1 čajna žlička česna v prahu
- 1 čajna žlička čebule v prahu
- ½ čajne žličke soli
- 20 morskih pokrovač (približno 2 funta)

NAVODILA:

a) V majhni skledi zmešajte maslo, med, kajenski papriko, rjavi sladkor, česen v prahu, čebulo v prahu in sol.

b) Pokrovače položimo v pekač iz aluminijaste folije za enkratno uporabo in jih prelijemo z začinjenim medenim maslom.

c) Ponev postavite na stojalo za dimljenje in pokrovače dimite približno 25 minut, dokler niso neprozorne in čvrste in notranja temperatura dima ne doseže 130 °F.

d) Odstranite pokrovače iz Preferred Wood Pellet in postrezite vroče.

84. Jumbo pokrovače na žaru s citrusi

SESTAVINE:
- Stopljeno maslo, po potrebi
- Svež peteršilj, narezan na kocke
- 12 velikih pokrovač, prepolovljenih
- 1 skodelica vode
- $\frac{1}{4}$ limone, iztisnjenega soka
- 1 skodelica Chardonnaya
- 1 žlica masla
- 2 čajni žlički medu
- ščepec soli
- $\frac{1}{2}$ stroka česna, narezanega na kocke
- Koruzni škrob, raztopljen v vodi

NAVODILA:
a) V manjši kozici zmešamo vodo, vino, sok, maslo, med s papriko in česnom.
b) Postavite na zmeren ogenj; zmanjšajte na skoraj polovico in pogosto mešajte. Dodajte raztopino koruznega škroba, dokler ni gosta po okusu.
c) Odstranite z vročine; obdrži toplo.
d) Pokrovače spečemo na vročem oglju, pogosto premažemo s stopljenim maslom. Kuhajte po okusu. Vzemite pokrovače iz žara.
e) Na vsak krožnik položite 6 polovic pokrovače. Pokrovače prelijemo z omako iz citrusov in okrasimo s peteršiljem.

TILAPIJA

85. Rdeči hlastač na žaru z marinado iz citrusov

SESTAVINE:
- 4 fileje rdečega hlastača
- Sok 2 limon
- Sok 2 limet
- 2 stroka česna, nasekljana
- 2 žlici oljčnega olja
- 1 žlica sesekljanega svežega cilantra
- 1 čajna žlička čilija v prahu
- Sol in poper po okusu
- Rezine limone in limete za serviranje

NAVODILA:
a) V skledi zmešajte limonin sok, limetin sok, sesekljan česen, olivno olje, sesekljan koriander, čili v prahu, sol in poper.
b) Fileje hlastačev položimo v plitko posodo in jih prelijemo z marinado. Obrnite, da se enakomerno nanese. Marinirajte v hladilniku 30 minut.
c) Žar segrejte na srednje visoko temperaturo. Fileje rdečega hlastača odstranite iz marinade in zavrzite odvečno marinado.
d) Fileje rdečega hlastača pecite na žaru 4-5 minut na vsako stran ali dokler riba ni neprozorna in se z vilicami zlahka razkosmi.
e) Postrezite vroče z rezinami limone in limete.

86. Tilapija na žaru z začimbami Cajun

SESTAVINE:
- 4 fileje tilapije
- 2 žlici oljčnega olja
- 2 žlički začimbe Cajun
- Sol in poper po okusu
- Limonine rezine za serviranje

NAVODILA:
a) Žar segrejte na srednje visoko temperaturo.
b) Fileje tilapije namažite z oljčnim oljem in začinite z začimbo Cajun, soljo in poprom.
c) Fileje tilapije položite na žar in pecite 3-4 minute na vsako stran ali dokler riba ni neprozorna in se zlahka razkosmi z vilicami.
d) Postrezite vroče z rezinami limone.

87. Rdeči hlastač na žaru s česnovim zeliščnim maslom

SESTAVINE:

- 4 fileje rdečega hlastača
- 4 žlice nesoljenega masla, zmehčanega
- 2 stroka česna, nasekljana
- 1 žlica sesekljanega svežega peteršilja
- 1 žlica sesekljanega svežega kopra
- Sol in poper po okusu
- Limonine rezine za serviranje

NAVODILA:

a) V skledi zmešamo zmehčano maslo, sesekljan česen, sesekljan peteršilj, sesekljan koper, sol in poper.
b) Žar segrejte na srednje visoko temperaturo.
c) Fileje hlastača začinimo s soljo in poprom.
d) Fileje rdečega hlastača položite na list aluminijaste folije. Vsak file prelijemo s kepico česnovega zeliščnega masla.
e) Zložite aluminijasto folijo čez fileje, da ustvarite pakete.
f) Pakete folije pecite na žaru 8-10 minut ali dokler riba ni neprozorna in se zlahka razkosmi z vilicami.
g) Postrezite vroče z rezinami limone.

88. Tilapija na žaru z limoninimi zelišči

SESTAVINE:
- 4 fileje tilapije
- 2 žlici oljčnega olja
- Sok 1 limone
- 2 stroka česna, nasekljana
- 1 žlica sesekljanega svežega peteršilja
- 1 žlica sesekljane sveže bazilike
- Sol in poper po okusu
- Limonine rezine za serviranje

NAVODILA:
a) V skledi zmešamo olivno olje, limonin sok, sesekljan česen, sesekljan peteršilj, sesekljano baziliko, sol in poper.
b) Žar segrejte na srednje visoko temperaturo.
c) Fileje tilapije namažite z marinado iz limoninih zelišč.
d) Fileje tilapije položite na žar in pecite 3-4 minute na vsako stran ali dokler riba ni neprozorna in se zlahka razkosmi z vilicami.
e) Postrezite vroče z rezinami limone.

89. Dimljena tilapija iz kozic

SESTAVINE:
- 3 unče fileti tilapije (sveži, gojeni)
- 3/4 čajne žličke paprike (prekajene)
- 1 žlica ekstra deviških oliv
- 3/4 čajne žličke začimb za morske sadeže

NADEV KOZIC:
- 1/2 funta kozic z repom
- 1/2 skodelice drobtin
- 1/2 žlice soljenega masla
- 3/4 čajne žličke popra
- 1 jajce (majhno, stepeno)
- 1/4 skodelice majoneze
- 3/4 čajne žličke peteršilja (posušenega)

NAVODILA:
a) Kozico stresemo v kuhinjski robot, da se drobno seseklja
b) V veliki ponvi na srednje močnem ognju segrejte olive, dodajte maslo in ga stopite ter dodajte čebulo in pražite do mehkega
c) V posodi s pokrovom združite prepraženo mešanico, kozice in preostale sestavine
d) Fileje namažite z oljčnim oljem z vseh strani . Na hrbtno stran vsakega fileja z žlico nadevajte odličen nadev .
e) Nadev namažemo po zadnji strani filejev
f) Fileje tilapije prepognemo na dvoje in jih z zobotrebci trdno primemo .
g) Fileje pečemo 40 minut

90. Dimljena tilapija

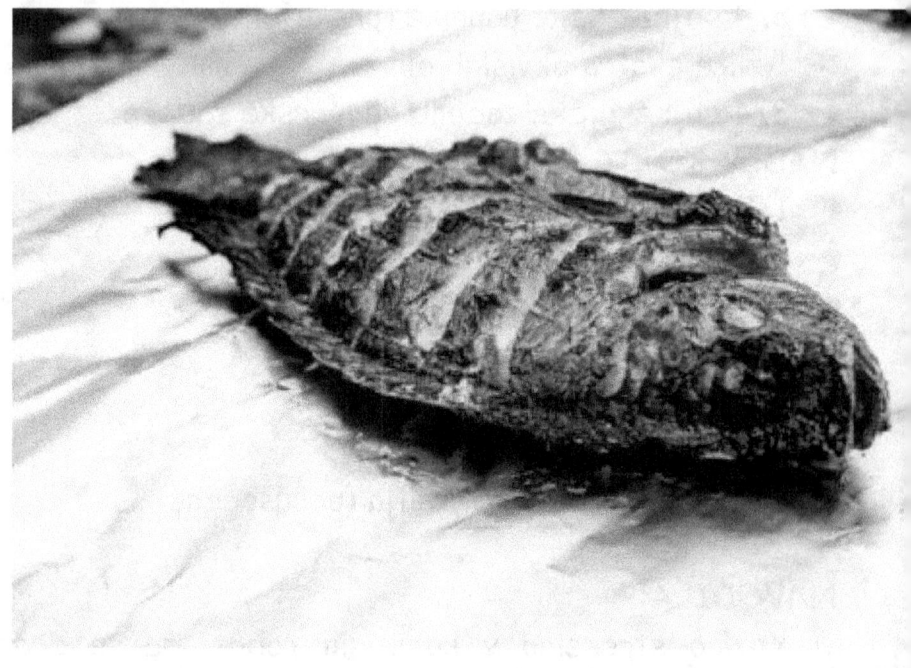

SESTAVINE:

- 4 fileje tilapije, očiščene in izkoščene
- Košer sol (po okusu)
- Mlet črni poper (po okusu)
- 2 žlici (30 ml) sesekljane sveže bazilike
- 4 stroki česna, sesekljani
- 1 žlica (15 ml) olivnega olja
- 1 limona, prepolovljena

NAVODILA:

a) Segrejte kadilnico za posredno kuhanje ali žar na oglje za 2-consko kuhanje, pri čemer si prizadevajte za temperaturo 170 °F (76 °C). Dodajte lesne sekance.

b) Medtem ko se smoker ali žar segrevata, pripravite ribe. V majhni skledi zmešajte baziliko, črni poper, sol, česen in olivno olje. Z mešanico nanesite mešanico na obe strani vsakega fileja tilapije.

c) Tilapijo položite na rešetke za dimljenje ali žar. Zaprite pokrov in nastavite zračnike, da se odprejo. Natančno spremljajte temperaturo z žarom ali termometrom za dimljenje. Če temperatura začne padati, ustrezno prilagodite zračnike.

d) Tilapijo kadite 1 ½ – 2 uri.

e) Odstranite tilapijo iz smokerja in vsak file postrezite z rezino limone, stisnjeno na vrhu. Uživajte v slastnih okusih te dimljene tilapije!

HOBOTNICA

91. Hobotnica na žaru z limono in česnom

SESTAVINE:
- 1 cela hobotnica (približno 2-3 funtov)
- 1/4 skodelice olivnega olja
- 4 stroki česna, sesekljani
- Lupina in sok 1 limone
- 1 žlica sesekljanega svežega peteršilja
- Sol in poper po okusu
- Limonine rezine za serviranje

NAVODILA:
a) Žar segrejte na srednje visoko temperaturo.
b) Hobotnico temeljito očistite, odstranite kljun, oči in notranje organe. Dobro sperite pod hladno vodo.
c) V skledi zmešamo olivno olje, mlet česen, limonino lupinico, limonin sok, sesekljan peteršilj, sol in poper.
d) Hobotnico osušite s papirnatimi brisačami in jo izdatno namažite z mešanico limone in česna.
e) Hobotnico položite na žar in pecite približno 5-6 minut na vsako stran ali dokler ne zoglene in ni pečena.
f) Hobotnico vzamemo z žara in pustimo nekaj minut počivati.
g) Hobotnico narežite na koščke in postrezite vročo z rezinami limone.

92. Dimljena mlada hobotnica

SESTAVINE:
- 2 funta (0,9 kg) mlade hobotnice
- 1 liter (946,35 ml) vode
- 2 žlici morske soli
- 1 žlica rdečega vinskega kisa
- 2 žlici (29,57 ml) oljčnega olja
- ½ majhne rumene čebule, sesekljane
- 4 stroki česna, sesekljani
- 1 čajna žlička mletega črnega popra

NAVODILA:
a) Zmešajte sestavine za slanico in se prepričajte, da je sol popolnoma raztopljena. Hobotnico položite v slanico in čez noč ohladite.
b) Električno kadilnico nastavite na 250 stopinj F. Medtem ko se kadilnica segreva, namočite lesne sekance hikorije v vodo za 30 minut. Odstranite hobotnico iz raztopine slanice in jo razporedite po policah za dimljenje. Ko preteče 30 minut, sekance odcedimo in dodamo v kadilnico.
c) Ko je kadilnica pripravljena, znižajte temperaturo na 140 stopinj. Police postavite nazaj v prekajevalnico in hobotnico dimite 1 do 1-1 uro ali dokler ne dosežete želenega okusa in teksture.
d) Ko boste z rezultati zadovoljni, hobotnico vzemite iz smokerja in jo uživajte kot prigrizek ali v različnih jedeh, kot so solate ali testenine.

93. Hobotnica na žaru s pestom o

SESTAVINE:
- 2 funta (0,9 kg) hobotnice, očiščene
- 1 strok česna, zdrobljen
- 2 žlici rjavega sladkorja
- ½ skodelice rdečega vina
- 1 žlica listov limoninega timijana

PESTO MAJONEZA:
- ½ skodelice (120 ml) majoneze iz celega jajca
- ¼ skodelice (60 ml) pripravljenega pesta

NAVODILA:
a) V posodi zmešamo očiščeno hobotnico, strt česen, rjavi sladkor, rdeče vino in lističe limoninega timijana. Pustite, da se hobotnica marinira 1-2 uri. To ga bo prepojilo s fantastičnimi okusi.
b) Ko poteče čas mariniranja, pripravite vročo ploščo za žar.
c) Marinirano hobotnico skuhamo na vroči BBQ plošči in jo redno mešamo. Hobotnico pečemo na žaru, dokler ni kuhana in mehka. To naj bi trajalo približno 10 minut. Hobotnica se bo zvila in postala bordo rdeče barve, kar je hkrati privlačno in okusno.
d) Medtem ko se hobotnica peče, lahko pripravite pesto majonezo.
e) Zmešajte celo jajčno majonezo in že pripravljen pesto. Ta omaka bo odlično dopolnila hobotnico.
f) Ko je hobotnica gotova, imate na voljo možnosti serviranja:

g) Pesto majonezo lahko postrežete kot pomak poleg hobotnice na žaru.
h) Lahko pa hobotnico kot omako po žlicah premažete s pesto majonezo za čudovito kombinacijo okusa.
i) Za dodatno popestritev okusov lahko hobotnico na žaru pokapljate z mešanico olivnega olja, svežega limoninega soka, strtega česna in svežega peteršilja. Ta korak vaši jedi doda osvežujoč pridih.
j) Če je hobotnica trda, jo lahko pred peko na žaru zmehčate tako, da jo dušite približno 4-5 minut.

94. Mint hobotnica na žaru

SESTAVINE:

- 1 hobotnica 3 do 5 funtov z vrečko, očmi in rdečo kožo. Vzemite ven
- ½ skodelice deviškega oljčnega olja
- 1 limona, sok in lupinica
- 1 žlica zdrobljenih kosmičev rdeče paprike
- 1 šopek svežega origana; grobo narezana
- 1 žlica sveže mletega črnega popra
- 2 glavici escarole
- ½ skodelice svežih listov mete
- 4 kosi.

NAVODILA:

a) Segrejte žar ali žar.
b) Hobotnico damo v hladno vodo z zamaškom in zavremo. Zmanjšajte ogenj do nizkega vrenja in kuhajte 35 do 40 minut, dokler se ne zmehča
c) Vzamemo ven , splaknemo in narežemo v posodo za mešanje, zmešamo oljčno olje, limonino lupinico in sok, rdečo papriko, origano in črni poper. Kose hobotnice mariniramo 10 minut in položimo na žar. Kuhajte, dokler ni hrustljava in rahlo zapečena, približno 5 minut na stran.

d) Ko gre hobotnica na žar, očistite escarole lahkih zunanjih listov
e) Po dolžini prerežite na pol in dobro sperite, da odstranite pesek. Prerezano stran navzdol položite na žar in pecite, dokler se rahlo ne zapeče, približno

3 do 4 minute na eni strani. Obrnite in kuhajte še 2 minuti ter vzemite ven .

f) vzamemo ven in jo nadomestimo s slanico, s škarjami narežemo na koščke in prelijemo z escarole, potresemo s svežo meto in postrežemo.

MEČARICA

95. Dimljeni zrezki mečarice

SESTAVINE:
- Zrezki mečarice
- Olivno olje
- Limonina lupinica in sok
- Sveža zelišča (na primer rožmarin ali timijan)
- Lesni sekanci za dimljenje (meskitov ali hrastov les se dobro obnese z mečarico)

NAVODILA:
a) Zrezke mečarice premažite z olivnim oljem, nato jih potresite z limonino lupinico, limoninim sokom in svežimi zelišči.
b) Predgrejte kadilnico na 225-250 °F (107-121 °C) in dodajte lesne sekance.
c) Začinjene zrezke mečarice položite na rešetke za dimljenje.
d) Mečarico dimite 1-1,5 ure, dokler ni popolnoma kuhana in prežeta z okusom dima.
e) Postrezite s česnovo in zeliščno masleno omako.

96. Cajun Mečarica na žaru

SESTAVINE:

- 4 8-oz zrezki mečarice; odmrznjen
- 1 žlica čebule v prahu
- $\frac{3}{4}$ čajne žličke črnega popra
- $\frac{1}{4}$ čajne žličke belega popra
- 1 žlica soli
- 1 žlica timijana
- $\frac{1}{2}$ čajne žličke annatto prahu; (za barvo)
- 2 žlički madžarske paprike
- $\frac{1}{4}$ čajne žličke žajblja
- $\frac{1}{4}$ čajne žličke rožmarina
- 1 čajna žlička kajenskega čilija Ancho pasilla; v prahu

NAVODILA:

a) Sestavine damo v malto in zmeljemo. Mlinček za začimbe naredi preveč fino drgnjenje
b) Odmrznite zrezke mečarice in obilno potresite z začimbami Cajun na obeh straneh. Zrezke položimo na manjšo rešetko nad steklen pekač, da tekočina, ki priteče iz rib, ne spere začimb.
c) Marinirajte 1-2 uri pri sobni temperaturi.
d) Pecite zrezke na vročem oglju z nekaj mesquite čipov za okus. NE PRETIRAJTE S KUHANJEM.
e) vzemite ven , ko je meso na sredini zrezka pravkar postalo belo, približno 140F

97. Zrezki mečarice z marinado iz limoninih zelišč

SESTAVINE:

- 4 zrezki mečarice
- 1/4 skodelice olivnega olja
- Sok 1 limone
- Lupina 1 limone
- 2 stroka česna, nasekljana
- 1 žlica sesekljanega svežega peteršilja
- 1 žlica sesekljanega svežega timijana
- Sol in poper po okusu
- Limonine rezine za serviranje

NAVODILA:

a) V skledi zmešajte olivno olje, limonin sok, limonino lupinico, sesekljan česen, sesekljan peteršilj, sesekljan timijan, sol in poper, da naredite marinado.

b) Zrezke mečarice položimo v plitko posodo in jih prelijemo z marinado. Obrnite, da se enakomerno nanese. Marinirajte v hladilniku vsaj 30 minut.

c) Žar segrejte na srednje visoko temperaturo. Zrezke mečarice odstranite iz marinade in zavrzite odvečno marinado.

d) Zrezke mečarice pecite na žaru približno 4-5 minut na vsako stran ali dokler riba ni pečena in se zlahka razkosmi z vilicami.

e) Postrezite vroče z rezinami limone.

98. Nabodala z marinado iz besedne ribe

SESTAVINE:
- 1 lb mečarice, narezane na 1-palčne kocke
- 1/4 skodelice olivnega olja
- Sok 1 limone
- 2 stroka česna, nasekljana
- 1 žlica sesekljanega svežega origana
- 1 žlica sesekljanega svežega peteršilja
- 1 čajna žlička prekajene paprike
- Sol in poper po okusu
- Rezine limone in tzatziki omaka za serviranje

NAVODILA:
a) V skledi zmešajte olivno olje, limonin sok, sesekljan česen, sesekljan origano, sesekljan peteršilj, dimljeno papriko, sol in poper, da dobite marinado.
b) Na nabodala nanizajte kocke mečarice.
c) Nabodala mečarice položimo v plitko posodo in jih prelijemo z marinado. Obrnite, da se enakomerno nanese. Marinirajte v hladilniku vsaj 30 minut.
d) Žar segrejte na srednje visoko temperaturo.
e) Nabodala mečarice pecite na žaru približno 3-4 minute na vsako stran ali dokler riba ni pečena in rahlo zoglenela.
f) Postrezite vroče z rezinami limone in tzatziki omako.

99. Mečarica, glazirana s česnom

SESTAVINE:
- 4 zrezki mečarice
- 1/4 skodelice medu
- 2 žlici sojine omake
- 2 stroka česna, nasekljana
- 1 žlica olivnega olja
- 1 žlica limoninega soka
- Sol in poper po okusu
- Sesekljan svež peteršilj za okras (neobvezno)

NAVODILA:
a) V skledi zmešajte med, sojino omako, mlet česen, olivno olje, limonin sok, sol in poper, da dobite glazuro.
b) Zrezke mečarice začinimo s soljo in poprom.
c) Žar segrejte na srednje visoko temperaturo. Zrezke mečarice premažite z medeno česnovo glazuro.
d) Zrezke mečarice pecite na žaru približno 4-5 minut na vsako stran ali dokler riba ni pečena in se zlahka razkosmi z vilicami.
e) Postrezite vroče, po želji okrasite s sesekljanim svežim peteršiljem.

100. Začinjena cajunska mečarica

SESTAVINE:
- 4 zrezki mečarice
- 2 žlici oljčnega olja
- 2 žlički začimbe Cajun
- 1 čajna žlička prekajene paprike
- 1/2 čajne žličke česna v prahu
- 1/2 čajne žličke čebule v prahu
- Sol in poper po okusu
- Limonine rezine za serviranje

NAVODILA:
a) V skledi zmešajte olivno olje, začimbo Cajun, dimljeno papriko, česen v prahu, čebulo v prahu, sol in poper.
b) Zrezke mečarice premažite z mešanico začimb Cajun.
c) Žar segrejte na srednje visoko temperaturo.
d) Zrezke mečarice pecite na žaru približno 4-5 minut na vsako stran ali dokler riba ni pečena in se zlahka razkosmi z vilicami.
e) Postrezite vroče z rezinami limone.

ZAKLJUČEK

Ko pridete do konca »Ožgan VRHUNSKI VODNIK ZA PEKO RIB NA ŽARU«, upamo, da ste našli navdih in samozavest za raziskovanje sveta morske hrane na žaru z užitkom. Ta knjiga vas je opremila z znanjem in veščinami, potrebnimi za pripravo nepozabnih jedi, ki bodo navdušile vaše brbončice in naredile vtis na goste, od učenja, kako izbrati najbolj svež ulov, do obvladovanja umetnosti začinjanja in pečenja na žaru.

Ne glede na to, ali ste izkušen mojster žara ali navdušenec začetnik, je v svetu žara vedno mogoče odkriti nekaj novega. Ko nadaljujete svojo kulinarično pot, vas spodbujamo, da eksperimentirate z različnimi okusi, tehnikami in sestavinami ter premikate meje možnega na vašem žaru.

Ne pozabite, da pri peki rib na žaru ne gre le za kuhanje – gre za ustvarjanje nepozabnih izkušenj in deljenje okusnih obrokov s tistimi, ki jih imate radi. Zato zakurite svoj žar, objemite svojega notranjega kuharja in pustite, da okusi morskih sadežev prevzamejo osrednje mesto vaših kulinaričnih dogodivščin.

Hvala, ker ste se nam pridružili na tem okusnem potovanju. Naj bodo vaše pustolovščine pri peki na žaru polne sijajnega uspeha in slastnih trenutkov. Do naslednjič, veselo peko na žaru!

www.ingramcontent.com/pod-product-compliance
Lightning Source LLC
Chambersburg PA
CBHW070700120526
44590CB00013BA/1033